U0937092

一生只做八件事

杨长征 王小丹 著

北京大学出版社
PEKING UNIVERSITY PRESS

图书在版编目（CIP）数据

一生只做八件事／杨长征，王小丹著．—北京：北京大学出版社，2013.5

ISBN 978-7-301-22034-4

Ⅰ.①一… Ⅱ.①杨… ②王… Ⅲ.①成功心理－通俗读物 Ⅳ.①B848.4-49

中国版本图书馆CIP数据核字（2013）第016731号

书　　名：一生只做八件事
著作责任者：杨长征　王小丹　著
策划编辑：袁　博　谢安洁
责任编辑：王艳利
标准书号：ISBN 978-7-301-22034-4 / F·3512
出版发行：北京大学出版社
地　　址：北京市海淀区成府路205号　100871
网　　址：http://www.pup.cn　新浪官方微博：@北京大学出版社
电子信箱：tbcbooks@vip.163.com
电　　话：邮购部 62752015　发行部 62750672
编辑部 82893506　出版部 62754962
印　刷　者：北京嘉业印刷厂
经　销　者：新华书店
880毫米×1230毫米　32开本　6.5印张　114千字
2013年5月第1版　2013年5月第1次印刷
定　　价：28.00元

目录 Contents

Step 2
遇见未知的自己

Step 3
聚焦人生八件事

Step 4
让梦想着陆

Step 5
拨开失败的迷雾

Step 6 建立教练思考模式

Step 7 学会在团队中成长

Step 8
抓住成功的机遇

推荐序

缘 起

长征是我的沧州同乡，也是同龄人。

我们交往十来年了。平头、皮肤略黑、身材偏瘦但精干结实，这是我对他十年如一日不变的印象。

刚认识时，身为企业董事长的他已逐渐从企业日常经营中“全身而退”，开始了新的长征——四处授课讲学，启迪更多人的心智；他身体力行，做了不少公益、环保、慈善的好事，让我为有这样的同乡而欣喜。

我们见面不多，但从未中断过联系。他时不时和我分享讲座培训后的感悟和收获，我也经常看他的博客，分享他的快乐。

我发现，走进他课堂的学员是幸福的：可以远离喧嚣嘈杂，可以放下世事纷争，可以找回自己的精神家园。

他的学员，20世纪六七十年代出生的居多，正在步入中年。四十多年的人生旅途、二十多年的职场经历，风风雨雨一路走来，内心深处一定还有渴望和诉求。所以才不约而同地从四面八方走进培训课堂。

我一直在想：为什么那么多人都来听长征的课，接受他的培训？

如果把人生比作一张宣纸，我们经历的人和事，都是滴落在宣纸上的点儿，无数个点儿晕染开去，有的成了草，有的成了花，有的成了树。但无论是什么，所有的经历成就了属于自己的一部传奇。参加培训的学员都是各领域的精英，但他们依然有梦想有敬畏，在人生拓展的道路上，在各自领域或行业的求索中，希望有新的突破。或者说，他们又一次走到了人生或事业选择的十字路口，不知何去何从，不知怎样走好后半生？每个人都在不断扣问自己的心灵，试图找到答案。

这可能就是他们参加培训班的根本原因。从这个意义上讲，“长征”们责任重大、任重道远，因为这关乎是否能拯救人的灵魂。

我倾向于认为：一个人的悟性是天生的，有就是有，没有就是没有。它可以被唤醒，而无法从外界灌输。但我们内心深处蕴含悟性的一个又一个小窗户是可以被开启、被唤醒的，培训师的智慧和教诲就是那把金钥匙，一定会让我们茅塞顿开、醍醐灌顶。

不能指望短暂的培训能让一个人有多大的改变，但我相信通过培训可以更好地认知社会、了解世界、认清自我、学会思考，也可以把读书学习变为常态，成为一种生活方式。

如果你无缘接受当面的培训，《一生只做八件事》这本书值得一读。它会告诉我们：一个人的核心竞争力不只是地位、财富、学历、个人魅力、特长，也包含读书、健身、与智者交友、业余爱好等，更包含爱。

参加长征培训课的学员，在家庭里都是上有老下有小，全家上下大都以其为中心。工作上不顺心、生活中不如意时，他们也会发牢骚：活着太累，到底为谁活？

我想说，从长远看，每个人都是在为自己做事，为自己而活。

日本科学家江本胜做过如下实验：

把一滴水放入-5℃的环境里，对着这滴水施爱，这滴清澈、纯净、甘甜，以及接受了美好意念的水，它的结晶体是有规则的像雪花般美丽的图案；反之，对着这滴水施恶，这滴肮脏、浑浊、苦涩，以及接受了丑恶意念的水，它的结晶体是没有规则的甚至是丑陋的图案。

这个实验告诉我们：水能感知善恶，世间万物莫不如是。

成年人的身体里有近70%的水分，如果你今天看这个同学不顺眼，明天看那个老师憋气，甚至还有邪恶的想法产生，最先受伤害的一定是你自己。

所以，不要说为谁活，不要说为了爱别人，更没必要把爱说得那么神圣和崇高。因为就算是为了爱自己，我们也要爱家人、爱老师、爱同学、爱朋友、爱陌生人、爱万事万物。

记得著名作家毕淑敏去大学演讲，互动环节中学生提问：生命的意义是什么？

毕淑敏回答：“人活着是没有意义的。”台下哗然。

接着毕淑敏又说：“但你必须为自己赋予一个意义。”台下掌声。

说到这儿，我想到了身残志坚的作家史铁生1985年发表过的一篇小说《命若琴弦》。

一个盲童从他师傅口中知晓有一道可以治愈双眼的药方，可令他重见天日。不过，他必须要弹断一千根弦，才可以从琴匣里取出药方，否则无效。师傅死后，那盲童踏遍穷山恶水，唱尽千古苍凉，把一根又一根的弦弹断。有志者事竟成，半个世纪过去了，盲乐师终于弹断千根弦，从琴匣取出药方，立即到镇上的药铺去买药。店员一看，发现只是一张白纸。盲人琴师受到了致命的打击，临终之际才突然领悟到师傅的良苦用心。因为，如果没有弹断一千根弦的动力和过程，他暗无天光的人生就无法支撑到今天。于是，琴师又一次把那张白纸塞进琴匣，用同样的谎言告知他新收的小徒弟，告诉他如果弹断一千根弦，就可凭那张药方重见天日……

纵使人生的尽头最终是一张虚无的白纸，弹断一千根琴弦的过程却很重要。

梁簌溟老先生说过：人活着，要解决三层关系，顺序不能颠倒：

第一，人与物的关系。人活着，吃喝拉撒，离不开物质保障，有了物质，才能提升生活品质。

第二，人与人的关系。人是社会关系的总和，为人父、为人子、为人上级、为人下级，摆正自己的位置，处理好人际关系很重要。

第三，人与心的关系。每天和自己的心对对话，倾听一下自己的生命需要什么，每个人和自己的心和谐了，家庭就和谐了，社会就和谐了，世界就太平了。

世界很大，圈子很小。

成为长征老师的学员是幸福的，同学们或许也会成为一生的朋友。在聆听教诲的同时，也相互学习、相互帮助。在接下来的培训学习中，在以后更长的岁月里，让我们共同学会爱。

就算这个世界真的末日了，爱会永存！

知名主持人　白燕升

自序一

聚焦就是力量

多少人走着却困在原地
多少人活着却如同死去
多少人爱着却好似分离
多少人笑着却满含泪滴
谁知道我们该去向何处
谁明白生命已变为何物
是否找个借口继续苟活
或是展翅高飞保持愤怒
我该如何存在
……

电视剧《北京青年》片尾曲汪峰的《存在》，唱出了很多人的心声。

我的朋友阿勋（原中央电视台《对话》节目总导演、《开启的世界》一书作者）的一段话，让我很感动："你是会死的，可你活过吗？活着吗？如果活着，一定会听到春风里花开的声音；如果活着，一定会感觉到无处不在的气息里生命的律动；如果活着，一定会看到柳絮只为飞舞不为什么的自在……你活着吗？”

什么才是真正的活着？

我们拥有怎样的人生才无怨无悔？

一生中做到了什么，才会觉得没有虚度？

到底如何拥有成功的人生？

成功的人生是规划出来的。

西方有句谚语：“如果你不知道你要到哪儿去，那通常你哪儿也去不了。”

我们去旅行，无论几天，都要认真规划。

有规划的旅程叫旅行，没有规划的旅程叫流浪。

人生是我们一生中最漫长的旅程。然而，有多少人真正清晰地规划好了自己的人生，又有多少人的一生都是在流浪呢？

聚焦就是力量。

每个人一生中都有许多想要完成的事情，每个人生命中都会遇到很多机会和诱惑，每个人成功路上也都会有许多困难和挑战。然而，人的时间和精力是有限的，只有规划好人生，才能够耐得住寂寞、禁得住诱惑，才能把能量锁定在自己真正想要的方向，才能吸引到很多正面能量来支持你实现梦想，才能少走弯路，用最少的代价取得最大的人生成果。

规划决定人生。

哈佛大学对数百名年轻人做了问卷调查，发现其中3%的人有清晰且长远的规划，10%的人有清晰但短暂的规划，60%的人只有模糊的人生规划，而27%的人根本没有人生规划。25年后再次跟踪调查发现，那3%的人大都成为社会顶尖的成功人士，那10%的人大都成了各行各业的优秀人才，那60%的人大都表现平平，而那27%的人几乎都落入了社会最底层。

清晰的人生规划，实际上已经为自己的人生定好了调子、指明了方向。而接下来的目标管理与行动都是把这个调子准确地弹奏出来，把自己真正想要的人生演绎出来，一步一个脚印，落实在每一天，落实在每一个行动中。

当你翻开这本散发着淡淡书香的《一生只做八件事》，你已经开始了属于自己人生之路的探索！

这是一本人生规划的指导手册，是目前世界上最领先的第五代时间管理实用手册。它将支持你向内深入探索，一步步发现自己、追寻梦想、规划人生、去除障碍，把梦想变成现实，实现平衡人生。

同时，这也是一本团队成长手册。个人的生命需要规划，而团队作为更大的生命体，更需要规划。

个人发展和团队发展并不矛盾，相反，二者之间是共赢共生的。现代社会，分工越来越细化，一个人靠单打独斗取胜的年代早已过去。佛家说："一滴水要想永不干涸，就要放到大海里。"团队是个人成长的有力支撑，而个人成长是团队发展的基础。很多矛盾冲突都是因为个人和团队的愿景没有统一起来。团队有了清晰的规划，明确了愿景、明确了使命、明确了价值观、明确了足够有吸引力的八件事，且团队大愿景中包含着每个人的小愿景。于是，每个人的工作都有了十足的干劲，整个团队就会空前凝聚。所以说，系统规划的力量是无法估量的。

亲爱的读者朋友，让我们一起探索，找到一生必做的八件事，让生命怒放，让团队从此不同！

需要在此说明的是：王小丹老师是国际生涯教练中国区首批授权导师、美国4D领导力授权导师，也是《一生只做八件事》思想的有力践行者和推广者。她的人生因规划而发生了奇妙的变化，许多梦想一步步实现，现已成为中国教练领域的佼佼者。另外，她还是“教练式销售”课程的总设计师，以及北京成功使者系统培训的总规划师、高级教练。实践出真知，鉴于她的成功探索和实践，我特别邀请王老师与我一起来创作和修改这本《一生只做八件事》。

这本书的出版，离不开很多高人的指点和帮助：世界级教练大师Marilyn Atkinson（加拿大）的指点，给了我最初创作的灵感；国际教练联合会（ICF）高级认证教练Chapman（加拿大）、Jeong博士（韩国）、Peter Barr（澳大利亚）就这个主题给我做过专门的一对一教练；国内知名的专家教练王育琨、高贤峰、阿勋、古典、连思明、潘子健、曲军、文墉、李建林，邓小芳、徐中、陈绰、王冬梅等，关于这个话题曾跟我一起进行过深入探讨；培训咨询专家付述信、蒋兴文、杨长霞、尹红玲、张俊阁、孙秀辉、杨昆仑、宋天杰、邵成琳等，也给过我很大的帮助与支持。

还要特别感谢我的父母、家人，给予我的理解、支持和帮助！需要感谢的人太多，这里就不再多写。总之，感谢每一位的付出，因为有你们，才有《一生只做八件事》的精彩；因为有你们，才会让更多人受益！

本书中的内容，一部分来源于我的成长经历和教学实践，一部分则是我参阅了一些相关资料后提炼而成，在此向原作者致谢。

杨长征

自序二

写给未来的自己

2006年，34岁的我在一家上市公司做部门经理，工作到了一个职业倦怠期，对于自己未来的人生方向有些迷茫，很困惑接下来该去向何方。那一年，我给40岁的自己写了一封信：

等我40岁的时候，我会是什么样呢？

早上我会做什么，还是睡懒觉一直到非要起床不可吗？

我还会去这家单位上班吗？还会为早上不迟到而天天打车吗？

上班的时候，我是为自己喜欢的工作而做呢？还是为老板的吩咐而不得不做呢？

我的工作有没有创造性，它能给多少人带来真正的帮助呢？

中午我会在哪里，会做什么呢？

下午我还要写永远写不完的工作汇报吗？还要每天开一个会吗？

晚上我在陪孩子做功课吗？还会坐到电脑前写我的博客吗？

40岁的我，老了吗？是比现在更自信、更乐观了，还是更胆怯、更悲观了呢？

40岁的我，拥有的最大财富是什么？

40岁的我，人生已经走过一多半，回过头看看，我是会为自己今天的作为而开心呢？还是会后悔呢？

接下来几年，我会做什么？又会给自己的人生涂上什么色彩呢？

时光如水，转眼就到了2012年。这一年，我40岁。我拥有清晰的梦想和实现方法，每天忙碌而充实。我在实现着自己的梦想，规划着自己的人生，同时还与很多人分享着这些美好。

感谢我的导师杨长征先生！非常幸运，在我最迷茫和困惑的时候，听到杨老师《一生只做八件事》的生命规划理论。按照这套方法，我做了自己的生命平衡轮规划，并把它分解到十年、三年、一年、一个季度、一个月。并且，规划出来以后，我就按规划年年月月地坚持了下来，于是生命一步一步如花绽放。

潜能公式：P=p－i。

P是表现（performance），p是潜能（potential），i是干扰（interference）。每个人的潜能都很巨大，而人们的表现却各异，原因在于每个人的干扰不同。八件事的魅力在于，把我们的人生聚焦在了自己想要的方向上，干扰会越来越少。这样，原本发散的生命能量就会被聚焦到一个通道上，这个通道通往我们想去的方向。

一花独放不是春，百花齐放春满园。从三年前杨老师决定写一本科学规划人生的书到现在，一千多个日日夜夜过去了。这三年中，在杨老师的指导下，我自己、我的同事，还有周围很多人都因“一生只做八件事”的理念而受益。同时，许多人的生命也因之绽放。正因如此，杨老师一直有一个希望，就是希望这本书能够早日面世，分享给更多的人。

三年时间里，好像每个不工作的日子我都处在这本书的构思和写作过程中。记不清跟多少个团队和个人分享过这一理念；电脑中，关于这本书的思维导图就不下十个版本，光文字成稿的就有小说版、实操版、科幻版、纪实版……

最终定的这一稿，去掉了过多的修饰和理论阐述，突出了简洁实用和普遍性。相信每个有缘读到这本书的人，都会从中得到属于自己的收获！

当你也在人生中践行这八件事时，不妨也给十年后的自己写一封信。十年后，回过头去看，希望那个十年是让你自己都会被感动的十年！

王小丹

Step 1

[素描你的梦]

梦想的力量

这是一个真实的故事：

一个叫布罗迪的英国退休教师，在整理家中旧资料时，发现了一小箱发黄的练习册。打开一看，原来是几十年以前他任教幼儿园时小孩们写的作文。他原来以为这些作文本早已在德国空袭中被炸飞了，结果没想到竟然还在自己家里。当时的作文题目叫《我的未来是……》。对此他感到非常好奇，于是翻开这些练习册一篇一篇仔细看了起来。孩子们的梦想各式各样：有人说要做厨师；有人说长大以后要做官员；有人说要做王妃……

每个人都有自己的梦想，而最让布罗迪印象深刻的是一个叫戴维的盲童，他的梦想是成为英国第一位盲人内阁大臣，因为英国还没有一个盲人进入过内阁。

时间过去了50年，布罗迪很想知道这些孩子们的梦想到底实现得怎样。于是他发了一篇启事，让这些孩子们来认领自己儿时的作文本，看看他们做得如何。很快，大多数作文本都被认领走了。

这几十年来，很多人的生活发生了巨大变化。有人实现了自己的梦想，也有人没有实现；有的人过得非常好，有的人过得一般。最后，只剩下了一个人的作文本没被领走，就是那个盲童戴维的。布罗迪想，是不是这个孩子已不在人世了？毕竟50年的时间里，发生了那么多场战争，而一个盲人到底发生了什么真不好想象。

布罗迪计划把这个作文本送给一家私人收藏馆。就在他准备送出去的时候，忽然收到了一封英国教育大臣给他的信，信上写道：“我就是那个盲童戴维，这50年以来我已经实现了自己的梦想。非常感谢老师替我保存着那个作文本！但我现在已不用再拿回那个本子了，因为从梦想制定的那一天起，我就已经把这个梦想放在了心里。我从没有放弃过，并一步步为之努力。最终，我实现了自己的梦想。今天，我也想通过这封信告诉大家：只要不让年轻时的梦想随风飘逝，成功总有一天会来到你的面前！”

从这个故事中，我们看到了梦想的巨大力量。

每个人都带着自己独特的梦想、带着自己神圣的使命和巨大的潜能，来到这个世界上。人的潜能就像一座巨大的冰山，遗憾的是，大多数人连冰山的一角都没开发出来，就走

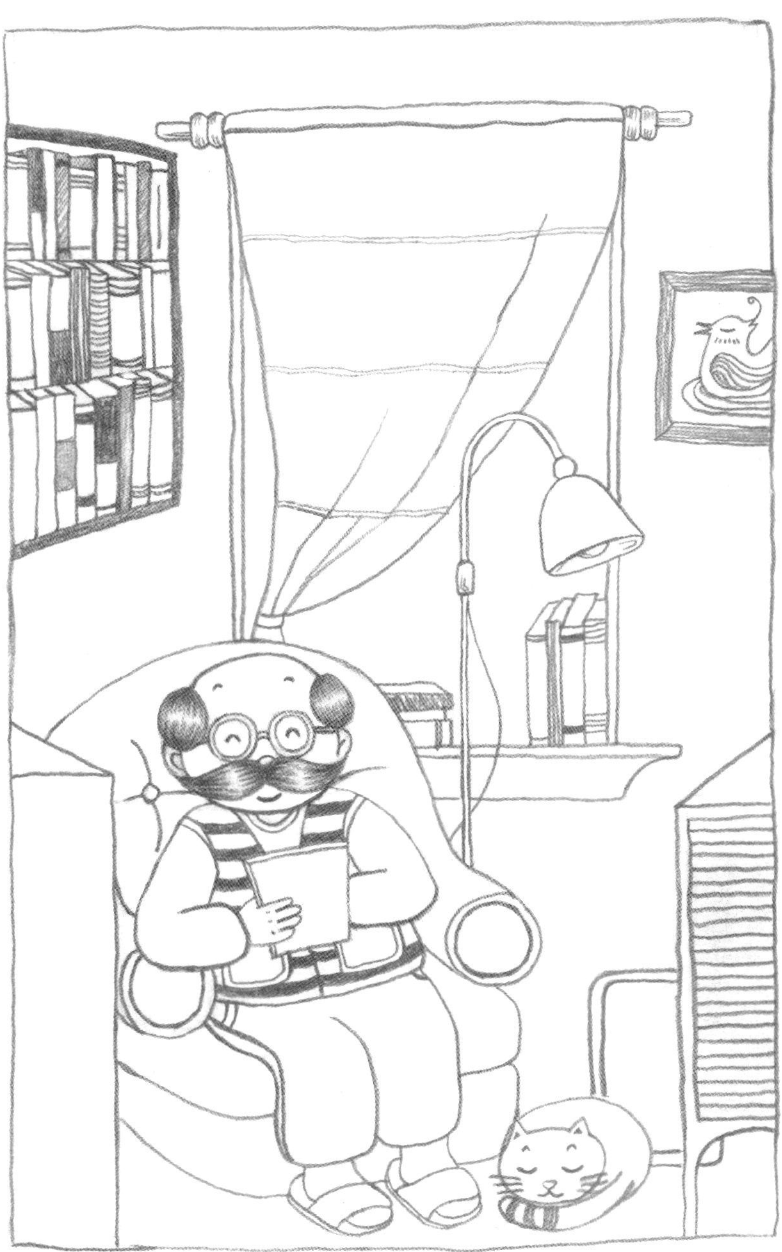

到了生命的尽头。

如何才能找到并实现自己的梦想?

如何才能发现并完成自己神圣的使命?

如何才能充分发掘自己的潜能，让生命怒放?

盲童戴维是幸运的，因为他一开始就找到了自己的梦想，并能始终坚持、勇往直前，最终实现了自己的人生目标。然而，大多数人却没这么幸运，我们往往一开始并不清晰自己想要什么。

2010年，马云在《开学第一课》的节目上跟全国电视观众分享了自己的梦想之旅。马云说，自己和大家一样，小时候曾经有过无数梦想：想过当司机，想过当售票员，想过当警察，想过当解放军，想过上哈佛大学……但是，这些梦想没有一个能够实现，然后他不断地调整自己的梦想。最多的时候，甚至一年内换过七八个梦想。虽然大都没有实现，但这并不重要，重要的是自己知道梦想的重要性，并不断探索、追求，直到成功。

探索的路上没有失败，只不过暂时没有成功而已。

人生是一条漫长的修炼之路，梦想是一个不断探索的过程。很少有人能一下就找到真正的自己，或许10个梦想中也不一定有一个能成为现实。但只要你能全力以赴，不断去探索，就能一步一步接近并最终找到自己真正的梦想!

生命的雕刻

阿美族是居住在台湾东部的原住民部落。

从台东民宿“阳光布居”出发，沿着太平洋海岸线车行半小时左右，顺着“之”字马路拐下去，便来到了阿美族部落。这个地方叫“项链”，据说是很多很多年前的传奇故事中，金戈铁马之外只留下一串项链作为那场战事的纪念，因而得名。

项链是紧紧靠海的一个小部落，也有民宿可以接待访客。

为我们准备食物的阿妹长得非常像张惠妹，餐桌则是海边的木刻桌椅，都由原木因形赋意雕刻而成，虽粗犷简朴，但充满艺术气息。一问才知道，这所民宿的主人——兄弟俩本身就是阿美族的木雕艺术家，海边的房间就是他们的木刻工作室。我们到的时候正是中午，阿妹准备好了午饭接待我们，没有餐具，用树叶折成餐盘，用手直接抓着吃。新鲜的烤鱼、山上抓来炖好的土鸡和阿嬷直接从海里捞来的海草做的汤，耳边还伴着大海的阵阵涛声。一切都让我们这些远道而来的人不断惊呼：这就是神仙过的日子！

午餐后，大家或三五成群在海边的木榻上吹着海风、枕着波涛小睡，或到海边的礁石上跟海浪赛跑、拍摄照片，也有一个人静静在海边礁石上做静心冥想的。组织者没有刻意要大家去做什么，一切全凭自在。

经过一段没有时间概念的午后时光之后，大家慢慢聚集到了主人的木刻工作室。工作室的窗户是活动的石窗，风浪大的时候可以关上，风小的时候则可以旋转，太平洋的景色便尽收眼底。我们每人拿了一块木毛坯，用刻刀安静地雕刻起自己的晚餐盘来。整个过程中，主人都悠闲地在外面嚼着槟榔吹着海风，并不来教授或指导我们什么。

大家虽是第一次做，却也没人要求主人来教我们怎么做。人人都自然地选了自己想要的形状的木头，选了想要的刻刀，就安安静静地坐下雕刻了起来。之所以不问，是因为每个人心里都明白，自己并不是要来做一个标准的木雕工，做木雕只是为了体验，不是为了非要刻成什么艺术品。正因为目标都很清晰，所以大家也就很自然地更关注在这一过程中，自己和木头之间都发生了什么。

不知不觉，三个小时过去。我自己经历了从新奇到有点急躁，再到熟悉、有成就感、喜悦和放下的一个过程。其他人的感受各不相同。有的人手都磨出泡来，还有人手被划破了。三个小时后，大家看着自己雕刻出的盘子，或粗糙或精致，或满意或不满意。但无论雕刻得如何，都要拿着自己的作品去吃晚餐。

当用水洗过盘子，放上新鲜的生鱼片，摆上冒着香气的糯米饭团时，大家都感觉饭菜特别香甜、盘子好亲切，心中忽然对食物充满了感恩，对器具也充满了感情。这顿饭，我们都吃得好幸福！

正是因为经过了三小时漫长的、枯燥而不可思议的雕刻盘子的过程，才让我们对吃饭这件事有了完全不同的体验。每个人雕刻盘子付出的心力不同，吃饭时的感受更不同。当下你所付出的，就是你得到的。

我的盘子雕刻得细致而光滑，一个朋友的盘子则刻得坑坑洼洼却充满线条感。这是我们对生命的不同追求，或精美或粗犷。所以，我们当下都过着如同自己所雕刻的盘子般的生活。如果可以重来，我也可以尝试一下，不一定什么都要那么完美，或许粗线条也是一种美。朋友听了我的心得分享，笑着说他下次也想刻个精致的盘子试试。

这就是人生，充满了无限的可能。无论怎样，去体验，去尝试，找到能让你心定下来的方式。

阳光布居的男女主人在繁华的大都市打拼了半生，心都没能定下来，却在这台东的山上把心定了下来，异乡成了家乡；阿美族的兄弟俩，也曾满怀艺术天分去闯荡天下，说着别人的语言，按照别人的标准生活，却失去了快乐。直到他们回到部落，做着自己最喜欢的木雕艺术，并结合木雕经营了一个别具特色的项链民宿，吸引着世界各地的人来到这个偏僻的地方，连我们都感受到了他们发自内心的快乐。

台北天母附近的一个路边小店，不到40平方米的面积，却能看到无处不在的绿色植物及各式小挂件与来来往往的食客和谐共处着。一碗面、一碟小菜，简单的食物中让人感受到老板娘不一样的用心和情调。有心了，即使不说，别人也能从点滴中感知到。

其实，每个人都有一把自己生命的刻刀，或用心、或焦躁、或优雅、或彷徨。无论怎样，我们都在用时光雕刻着自己生命的作品。有一天，回头看，喜欢你雕刻的这个自己吗?

我非常喜欢同伴莫非分享的一句话：慢下来可能会快一点。当你手拿刻刀开始雕刻自己生命的时候，有没有仔细想好，你要把这个作品雕刻成什么样子呢?

我是谁

如何开启实现梦想的第一步呢？让我们先从探索“我是谁”开始吧！

明朝赵南星的《笑赞》中有这样一个故事：一个押解和尚罪犯的公差，夜晚与罪犯同宿客栈的一个房间。和尚用酒灌醉公差，并将他的头发剃光后逃走。第二天一早，公差醒后见屋内只有他一人，惊呼："糟了，和尚跑了！"突然，他在镜中看到自己的光头，纳闷起来："和尚还在这儿，那我到哪里去了呢？"

我是谁？这个人生最根本的问题，却被太多人忽略了。

每个人来到这个世界上，都带着自己的使命。一个人的身份定位，直接决定着他的人生态度。

泰国有一个著名的金佛寺，占地面积不大，内部却有一座3米多高、重达2500公斤、价值数亿美元的黄金佛像。关于这座金佛，有一段发人深思的传奇故事：

几百年前，泰国被称为暹罗。一次，缅甸和暹罗发生了战争。战争中，寺庙的僧人为了保护佛像不被敌人掠走或损坏，在金佛上敷上了厚厚的一层泥，使金佛看上去和普通泥塑佛像没什么区别。后来，城池失陷，老百姓和寺庙的僧人全被杀害，无一幸存。金佛却因为没被入侵者发现而保存了下来。

之后的漫长岁月中，金佛一直被当作泥佛供奉着，没人知道它是一尊价值连城的金佛。

直到1957年泰国政府修建高速公路，在拆迁沿线建筑的过程中，金佛因搬动而出现裂痕，再加上大雨的冲刷，人们才发现了泥塑佛像内隐藏已久的秘密。消息一经传出，震惊了世界，一时间成为舆论关注的焦点。

金佛的“出土”看似偶然，实则必然。因为金佛本身确实存在，无论经过多长的岁月，无论多厚的泥土将其掩盖，也改变不了金佛存在的事实。一般人只能看到表面的泥塑佛像，却无法发现其内在无比珍贵的本质。

就像我们每个人心中其实都隐藏着一尊价值连城的金佛，那就是与生俱来的自我天赋。只是在现实中，我们因为恐惧或逃避一些可能遭受的打击，而为自己裹上了一层又一层的盔甲，以至于许多人逐渐迷失了原本的自己，一生都无法将自己珍贵的本来面目展现于人前。这无疑是人生的一大悲哀。

我是谁？有着怎样的天赋潜能，是一个什么样的人？

发现自己是走向成功的第一步，如果我们连自己都不了解，优势与缺点也不清楚。那么，如何能扬长避短、趋利避害，又如何能战胜成功之路上的种种阻碍呢？

所以，亲爱的朋友，请先认真剖析一下自己，总结出自己的优缺点和经验教训，然后再决定起步的方向与方法。

想要明确我是谁，就让我们先从“我想要什么”开始。

我到底想要什么

多年前，世界级教练大师阿特金森博士问我："你想要什么？"

我说："这是我经常问别人的问题，我也经常问自己这个问题。"

她问："如果用几个词来表示，会是哪几个词呢？"

当时，她这么一问，我还真有点懵了。我虽然也常在思考自己真正想要从事的职业、未来的理想，等等。但我从没想过用价值观词汇来具体表示自己想要的。于是，她画了一个平衡轮，把一个圆分成了八部分，让我在每部分中填写一个对自己人生来说最重要的词。我一一填写上去的是：成功、快乐、健康、尊重、爱、自由、财富、内在力量。

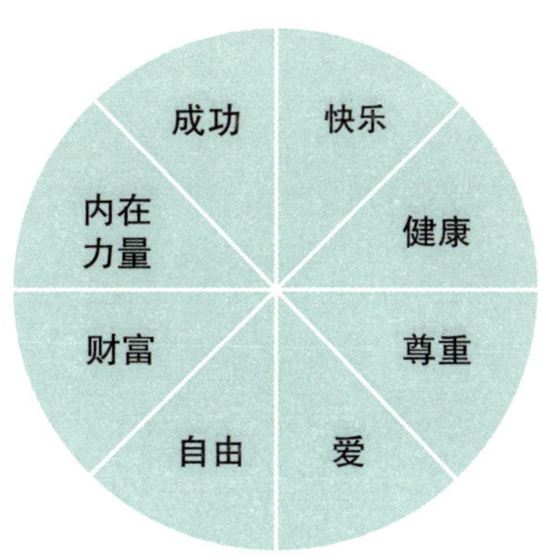

“如果从中找出三个对你来说最重要的，会是哪三个呢？”她继续问道。

“成功、快乐和爱！”我脱口而出。

“成功、快乐和爱，这三个词对你意味着什么？当你说出这三个词的时候，你的感受是什么？”她接着问。

此时我才意识到，这三个词对我来说这么有感觉，当我说出它们时，感到浑身轻松、内心充满了力量！

成功是指事业上的成功，做一个有成就的人、做一个有价值的人、做一个受人尊重和爱戴的人。当离开这个世界的时候，我还能为世界、为后人留下些什么。

快乐是指内心的感受，只要与亲人在一起、与朋友在一起、与学员在一起、与员工在一起、与大自然在一起、与自己的心在一起……那份喜悦就会由心底而生，一直伴随着我。

爱也是由心底而生，是愉悦地去感恩、去欣赏、去接纳、去付出。发自内心地想为他人做些什么，而并不图回报；真正帮到那些需要帮助的人，让他们的人生，因为我、因为我们的存在而不同。爱也是一份感召，让更多人愿意为爱而工作，让爱传出去，用爱点亮整个世界。

我要什么？我要成功、快乐和爱。

我是谁？我是一个成功、快乐和充满爱的人。

如果我做到了，当我年老回首往事的时候，当我即将离开这个世界的时候，可以坦然地告诉自己、告诉我的后代、告诉身边的人，甚至告诉全世界：我是一个成功、快乐、充满爱的人，我对得起自己的这次生命，这一生我没有白活，这一生我问心无愧，这一生我不后悔！

Teach
自我教练

亲爱的朋友，有人问过你想要的到底是什么吗？接下来的这个练习，可以帮助你更加明确自己想要的是什么。

找一个安静的空间，让自己完全放松下来，然后深思以下问题，并将答案写下来。

1. 你最想要的是什么？

2. 如果用几个词来表达，是什么？（至少找到8个词填入下面的平衡轮中。）

3. 从这8个词中，选出对你最重要的3个写下来。

---

4. 用一句话来描述，你想成为一个什么样的人？

---

5. 当你成为这样的人时，最理想的画面是怎样的？

Story 故事驿站

让生命怒放

你无法延长生命的长度，却可以把握它的宽度；无法预知生命的外延，却可以丰富它的内涵；无法把握生命的量，却可以提升它的质。

——法国文学家　托马斯·布朗

2012年6月30日是中国香港殿堂级摇滚乐队Beyond主唱兼节奏吉他手黄家驹逝世19周年的纪念日。

这一天的培训结束后，我像往常一样开车回酒店，偶然打开收音机听到Beyond乐队那首经典的《光辉岁月》。熟悉的旋律、富有磁性的嗓音，以及足以让人浑身战栗的震撼，都让我随着歌曲的推进不由陷入了深深的回忆。

年月把拥有变作失去

疲倦的双眼带着期望

今天只有残留的躯壳

迎接光辉岁月

风雨中抱紧自由

一生经过彷徨的挣扎

……

黄家驹，作为20世纪香港地区著名摇滚乐队的灵魂人物，创造了太多的经典和传奇。他的歌曲在那个年代，几乎成为年轻人争相追捧和学习的神曲。他用沧桑的声线和自由的理想，铸造着不死的音乐精神，诠释着永不磨灭的青春；他用独特的嗓音唱出心底的呐喊，用双手弹奏出极具震撼力的音符。他的音乐给成长路上的年轻人以深刻的启迪，引导和鼓励着他们走向自己的理想与希望之路；给追逐理想的人树立了青春的榜样，激励他们不断突破自我、勇往直前。他的音乐，给失落的人以宽慰，给失败的人以信心，给迷茫的人以坚定，给受伤的人以抚慰，给所有挣扎中的人们以希望和心灵的寄托。家驹的音乐像黑暗中的那一缕光明，为摸索前行的人们指明道路。最重要的是，他的音乐总在高呼着世界和平，并召唤着爱与光明。

然而，就在1993年6月30日这一天，他年轻的生命与他挚爱的音乐之路却戛然而止。他的生命消逝得如此突然，以致让喜欢他的歌迷们都不知所措，甚至不敢相信这是真的。但逝去的生命毕竟已成事实，大家在悲痛之余，唯一能缓解伤痛的良药是他的音乐和他的摇滚精神。

永远的摇滚乐，永远的黄家驹。如今，当他那首经典的《光辉岁月》再次飘进我的耳朵，熟悉的旋律依然让我怦然心动。每一句、每一字甚至每一个音符，都打动心底又痛彻心扉。就在此时，我突然对人生有了一种全新的理解和感悟：一个人，当他真正活出了自我、体现出了自我的存在价值，那么即使生命就此戛然而止，如绚丽的烟火般仅有一瞬间的精彩和怒放，也是无怨无悔的。因为他的生命已用心绽放了、全力盛开了，已将最美的一面展现得淋漓尽致，即使生命就此消散也了无遗憾。

但有的人，即使活到花甲之年，或者年近百岁，也相当于没真正活过。因为在他漫长的生命里，没有任何精彩和值得珍藏的瞬间，没有真正为这个世界留下些什么，也没有为自己存在的价值努力奋斗过，一辈子都庸庸碌碌、浑浑噩噩。所以，没有人会真正记得他的存在、怀念他的过往。

有句话说得好：我们不能改变生命的长度，却可以改变生命的宽度和深度。

上天赋予每个人生命，有些人碌碌无为，有些人却独创辉煌。同样的生命，结果为什么会不同，很大程度上是因为心态不同。相信自己能爬到最高峰的人，他的生命高度大都在常人之上。这种心态人皆有之，但往往只有贤者能始终保持。因为有真正自信的人才能够铸造辉煌。

Heart 心灵火花

梦想是指引我们达到人生最美境界的精神向导，也是不断激励我们勇于拼搏并实现自我的无穷力量。人一旦拥有了梦想，便拥有了对未来的无限向往与期待，充满了奋发向上的坚定决心与勇敢信念。

所以，当你开启了人生最重要的八件事之后，你会惊讶地发现，自己首先要做的第一件事便是学会并努力探索属于你的梦想。

有这样一个故事，名字叫作《一个少年的108个梦想》。

15岁的美国少年约翰曾为自己写下了127个梦想。到他61岁的时候，127个梦想中他实现了108个。

是什么造就了他的奇迹呢？

这一切源于约翰父母与朋友的一次对话，以及他自己一生的努力。

1939年冬天，少年约翰无意间听到父母与朋友的一次谈话，知道他们有很多年轻时未完成的梦想，留下无尽的遗憾。约翰希望自己到了父母的年纪不会有这种遗憾，希望自己能够成为家人的骄傲。为此，他开始认真思考自己这一生最想要的是什么，以及自己的梦想有哪些。

于是，他在笔记本上写下了127个梦想。这些梦想都是他在上学时曾无数次在脑海中涌现过的，他非常希望能真正实现它们。

约翰的梦想有：登上珠穆朗玛峰，学会驾驶多种飞机，探索尼罗河，去南极、北极，读完莎士比亚、柏拉图等17位大师的全部名著，登上遥远、美丽的月球……

为实现这些梦想，约翰制订了科学而详细的计划，从锻炼身体保证健康，到每个梦想的规划路径等。总之，约翰用自己的方式，坚持不懈地朝所定的目标努力着、奋斗着。每实现一个，他都会开心地用彩笔在梦想清单上标示出来，同时激励自己奔向下一个梦想。几十年坚持下来，当他61岁的时候已经实现了108个梦想，包括：探索了尼罗河；读完了莎士比亚、柏拉图等17位大师的全部名著，并对书中的观点、思想和社会意义都有深入的研究；学会了开飞机，且已驾驶过四十多种飞机……

他还把自己探索尼罗河的经历写成了一本畅销书——《漂下尼罗河的皮筏子》。

梦想的力量、目标的指引真是太神奇了！古话说得好：有志者，事竟成。在充分认识自己、剖析自己的基础上，明确自己到底要的是什么、想要实现什么梦想、人生的目标是什么，然后再朝着这个目标坚定不移地努力和争取，一定会让你的人生变得不同。

人生道路充满艰辛和坎坷，而梦想能让人坦然面对挑战和诱惑，披荆斩棘，无往不胜。

亲，你的梦想探索得怎么样了？如果还不是非常清晰，就跟着本书的思路，继续深入探索吧！

只要开始，永远不晚；

只要相信，就有可能！

Step 2

[遇见未知的自己]

新生活从选定方向开始

如果我不知道要驶向哪个港口，就没有任何风向适合我。

——古罗马哲学家　塞内卡

有这样一个故事：

在非洲撒哈拉沙漠上有一个村庄叫比塞尔，比塞尔的人世世代代在这里生存繁衍，但千年来没有一个人走出过大漠。因为他们都不知道如何识别方向，往往是在沙漠中走着走着就又转回到自己的村庄。

直到1926年，有一个叫肯·莱文的欧洲人来到了这个村庄，他告诉了人们走出沙漠的方法：按照天上北极星的指引，白天休息，晚上赶路，只要朝着北极星的方向一直走，就可以走出沙漠。

于是，村子里一个叫阿古特尔的年轻人，按照这个方法首先走出了茫茫大漠。从那以后，村里很多人都走了出去，还有很多人来到这个小村庄。因为能常常与外界联系，整个村庄也由闭塞贫穷发展为开放富足。小村庄逐渐成为非洲一个非常有名的景点，吸引着成千上万的人来这里参观游览，村子里的人都过上了更幸福美好的生活。

为了纪念阿古特尔带领大家走出沙漠，人们在村庄的广场上竖立了他的铜像，铜像底座上还刻有一句话：新生活从选定方向开始。

有多少人，一生都迷失在自己心灵的沙漠中？

有多少人，到死也未曾找到自己生命中的美丽绿洲？

有多少人，每天奔波劳碌却不知道寻找自己的北极星？

有多少人，即使肯·莱文来到了身边，仍然不相信，依旧按照固有的模式、固有的轨迹去生活？

那么，亲爱的朋友，对你来说：

沙漠是什么？

绿洲是什么？

北极星是什么？

谁是你的阿古特尔？

谁又是你生命中的肯·莱文呢？

一生只做八件事的生命规划就想帮你找到自己人生的方向，助你制定一个自己生命的导航图。

新生活从选定方向开始！

只有明确了方向、规划好自己的人生，才能活出自己的精彩，才能吸引足够的正能量来支持你实现梦想。因为如果你不规划自己的人生，就只能随波逐流，被别人规划了。

选择比努力更重要

在生命规划的科学中，选择比努力更重要！

一群大学生去农场体验生活，农场主教他们挤牛奶。教完后，农场主让他们自己体验，过了一会儿，大家都挤了一大桶，只有一个学生怎么也挤不出来，于是问农场主为什么。结果，农场主说："同学，你不仅挤错了地方，还选错了牛。"

这则故事看起来有些荒诞，实际上却是我们许多人的人生真实写照。许多人一生忙忙碌碌，却一事无成。事实上，他们不是不聪明，不是不勤奋，不是没有上进心，然而为什么辛苦一生却毫无建树呢？就是因为他们选错了方向。

选对方向，才能少走弯路；

选对爱人，才能生活幸福；

选对职业，才能充满激情；

选对老板，才能学到更多，才能拥有更大的舞台；

选对合作伙伴，才能多些默契，少些纠结，优势互补；

选对客户，才能赚到更多钱，取得更大的发展；

……

《大学》里有这样一句话：物有本末，事有终始，知所先后，则近道矣。大意是：每样东西都有其根本和枝末，每件事情都有其开始和终结；明白了这本末始终的道理，也就接近事物发展的规律了。

因此，选择好自己的方向，规划好自己的人生，无疑是你成功人生的起点。

庸才是放错位置的人才

有人问："我没有自信，不够聪明，能力也不突出，对于我这种情况的人，是不是即使规划好人生、选择好方向也意义不大？"

针对这个问题，我讲一个真实的故事：

在一个政府机关的局长培训班上，一位学员分享过这样一个真实的案例。10年前，他们老家每个村都修了一条公路。10年过去，绝大多数的公路都残破不堪，只有一条公路保存完好。当人们都在好奇是什么造成路的寿命差别如此之大的时候，忽然发现，当年这条路的护路人是一个智障者，安排工作的人交代他在路面硬化好之前，不允许任何车辆上路碾压。虽然别的护路者也接到了相同的指令，但在实际执行的过程中，鉴于人情等诸多原因，公路大都在还没有完全硬化的时候就放车上路，结果公路没有几年就被碾压烂了。而只有这位智障者，在养护期间，谁用车压马路，他就用砖头砸谁的车。最终，智障者看护的公路成为10年不坏的公路。

每个人都是有价值的！即使一个智障者，只要将他放对了位置，也可以实现自己的人生价值，同时为社会创造更大的价值。因此，在我们的身边，从来不会有真正意义上的庸才。庸才就是放错位置的人才。

同样是一粒种子放到石头上、放到沙漠里，可能永远也不会展现生机。但如果将其放到温暖湿润的土壤里，则会生根、发芽、开花、结果，甚至有可能长成参天大树，成为栋梁之材。其实，每个人都有适合自己的发展方向，只有将其放到最适合的位置上，才能发挥出最大的才能；如果放错了位置，就只能成为所谓的庸才，甚至成为悲剧。

中国历史上有一位皇帝，酷爱做木匠活。传说他做出的木匠活儿，连专业的木匠都自叹不如，这个人就是木匠皇帝明熹宗。假如历史可以改写，他以一个木匠的身份存在于世，或许历史上会从此多一位像鲁班那样技艺精湛的木匠宗师。可惜的是，他作为一国之君，却把时间都花在了研究木匠工艺上，而完全忽略了治国之道，最终只留下了千古骂名，既成为自己人生的不幸，也成为明朝的不幸。

历史上这样放错位置的皇帝不只明熹宗一位，像许多人都知道的画家皇帝宋徽宗，其画画的水平是一般画家所无法企及的，对于治国却一窍不通，最后和钦宗一起被金兵掳走，坐井观天；还有那个吟出千古绝唱“问君能有几多愁，恰似一江春水向东流”的李煜，多么美妙的词句，字字珠玑，动人心弦！可惜没做成诗人词人，却做了一国之君，最后只落得国破家亡、惨遭毒死的结局！

正因为这些最不适合做皇帝的人却做了皇帝，最终既误了自己又误了国家。

同样的，你能想象让爱因斯坦去打篮球，让姚明去研究相对论会是什么结果吗？庸才，是放错了位置的人才。那么，如何才能够识别出自己适合放在哪个位置上呢？下一节，我们将会跟大家深入探索这个问题。

探索自己的天性

我们一生下来都是天才，只是生命的过程让我们失去那天生的才能。

——巴克明斯特·富勒

我在“九型识人”的课程中讲过这样一个小故事：

一只蝎子想过河但它不会游泳，怎么办呢？于是，它对青蛙说：“青蛙，你能不能背着我过河？”

青蛙说：“不可能！你蜇我怎么办？”蝎子说：“我不可能蜇你，一我们无冤无仇；二如果蜇你，你沉下去了，我不也会淹死吗？”

后来，青蛙被说服，就背着蝎子过河了。河很宽，游到水中央的时候蝎子睡着了，忽然一阵凉风吹来，蝎子猛然从梦中惊醒，看到一只青蛙，本能地把尾巴钩过来，狠狠地蜇了一下。青蛙痛苦地叫着，开始慢慢下沉，一边下沉一边抱怨说：“蝎子你太不够意思了！你说好不蜇我，可是……”蝎子也很难过，说：“对不起！我真的不是故意的，这是我的本能。如果不蜇你，我就不是蝎子了。”

蝎子如此，人也一样。每个人都会有自己天生的特点，如果能充分发挥自己天生的优势，便能如鱼得水；而如果成天跟自己天生的短处较劲，则可能会一事无成。

是鱼，就要让它遨游海底；是鸟儿，就要让它翱翔天空。

然而，很多人并没有意识到这一点。我们经常会尝试着去改变自己、改变别人，经常跟自己的天性过不去，做自己不擅长也不喜欢的事，结果十分郁闷。

First , Break All The Rules 里有几句很经典：

人是不能改变的，

不要为弥补缺陷而枉费心机，

而要尽量发挥他们的长处，

做到这点已经很不容易了，

……

让兔子去跑，不要让猪唱歌！

《孙子兵法》上说：知彼知己，百战不殆；不知彼而知己，一胜一负；不知彼不知己，每战必败。

发现自己、认识自己、了解自己，是成功的三大要素。

然而，怎样才能做到呢？

怎样知道自己是鱼还是鸟儿，是猪还是兔子呢？

怎样才能真正认识自己、发现潜能呢？

怎样发现自己的优势和不足呢？

怎样才能找到自己适合的发展方向、选对行业、选对职业呢?

随着科学研究的发展，现在已经有许多种探索人的性格和职业发展的成果。

一、1909年，美国职业辅导之父帕森斯在其《选择一个职业》的著作中提出了一个全新的观点：选择的关键是人与职业的匹配。

并且，他创造了职业辅导的三大步骤:

1. 对自我进行探索，包括了解个人兴趣、能力、资源、自身局限和其他特质。

2. 了解职业对人的要求、职业描述、工作条件、优缺点、发展机会及前途等。

3. 将前两点进行综合，并在职业指导师的支持下找出与个人特质匹配的职业。

从此，职业规划真正成为一门学科。帕森斯特质因素理论因其较强的可操作性，在长达几十年的时间内逐渐成为美国职业规划的主导，并在全球范围内得到广泛应用。

在这三大步骤中，最难的一步，就是第一步，了解自己。

二、关于了解自己，也有很多的方法和理论，比如霍兰德六角形人格类型理论。根据霍兰德的研究成果，对于不同的职业特点和个性特征，一般可以把人分成6种类型：实际型(R)、调查型(I)、艺术型(A)、社会型(S)、管理型(E)和常规型(C)。这6

种类型的人具有不同的典型特征，每种类型的人对相应职业类型感兴趣，可根据人格特征和职业需求进行合理的搭配。

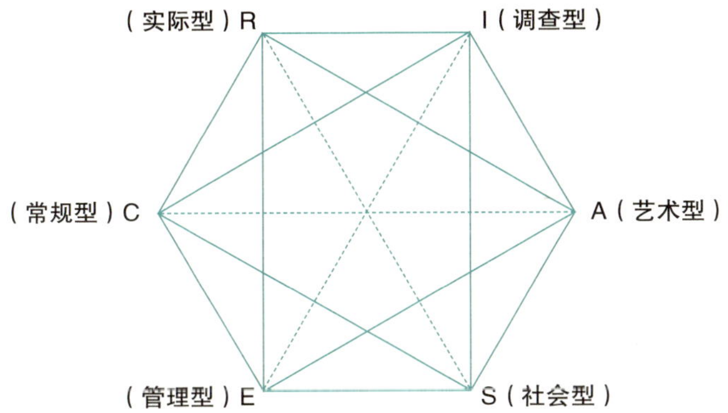

三、4P识人，则是根据人的内向与外向、理性与感性把人分为力量型、完美型、活泼型和和平型4种类型。

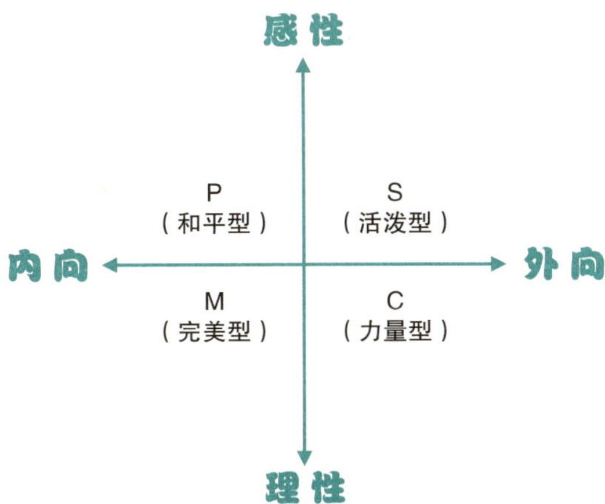

四、MBTI是美国的凯恩琳·布里格斯和她的女儿伊莎贝尔·布里格斯·迈尔斯研制的迈尔斯－布里格斯类型指标。

该指标以著名心理学家荣格划分的8种类型为基础，加以扩展，从而形成了4个维度：

外倾(E)—内倾(I)；

感觉(S)—直觉(N)；

思维(T)—情感(F)；

判断(J)—知觉(P)。

4个维度就像4把标尺，每个人的性格都会落在标尺的某个点上，如果这个点离哪个端点近，就意味着此人有哪方面的偏好。

按照这种理论，可把人分为16种类型。

ISTJ 收集、选择、运用咨询和资料	ISFJ 利用经验，帮助他人顺利完成任务	INFJ 激励他人成长，并达到目标	INTJ 提供长远战略
ISTP 利用逻辑分析能力，处理周围的事情	ISFP 为他人提供幕后支援	INFP 团结他人，实现组织的目标和远景	INTP 清晰而合乎逻辑地分析解决和问题
ESTP 及时解决问题	ESFP 工作气氛和谐，轻松愉悦	ENFP 挖掘组织和他人的潜力，促进组织成长	ENTP 为组织提供丰富的创意和灵感
ESTJ 运用组织技巧，完成设定的目标	ESFJ 运用合适的途径，联系周围的人	ENFJ 激励和推动他人成长	ENTJ 掌控全局，提供战略发展大计

五、九型识人也是一种很好的识人方式。据说，起源于两千五百多年前古老神秘的苏菲民族，具体的起源已无从考证，经过长期发展，尤其近代引进西方以后，现已成为一项很好的识人课程。同时，它是关于人的灵性的，也是一项很好的个人修炼课程。九型识人，顾名思义，把人分为了9种基本类型：

1. 完美型； 2. 助人型；
3. 成就型； 4. 感觉型；
5. 思考型； 6. 忠诚型；
7. 活跃型； 8. 领袖型；
9. 和平型。

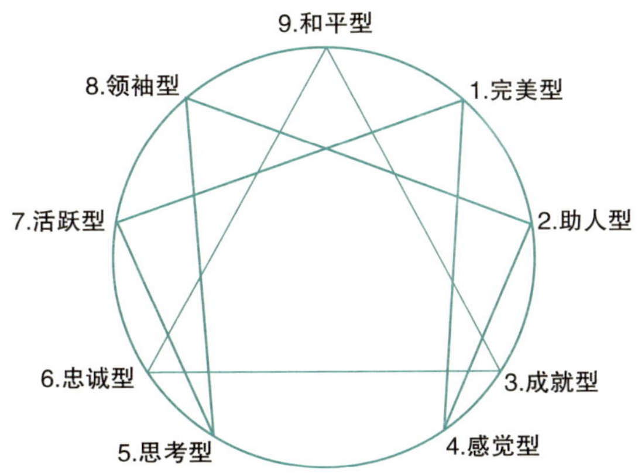

以上各种识人的方式，都有一定的实用价值。在本书中，我想重点介绍的是下面的4D识人法。因为在我看来，这

一方法相对最简单、最好学，也很实用，不仅适用于个人，还特别适用于团队修炼。

用4D为自己定位

查理·佩勒林博士曾任美国航天局（以下简称NASA）天文物理学部门主任，成功推动了哈勃望远镜维修等太空任务，获得NASA二等杰出领导奖章。1995年退休后，他赴科罗拉多大学教授领导学，并在此期间提出了4D系统理论，为众多团队和个人成长提供了一个简洁的科学支持架构。2011年初，4D识人理论经玛丽莲·阿特金森博士带入中国，通过北京成功使者团队的本土化验证与研发实用，已发展为一套简洁、高效、实用的识人方法，支持了无数团队和个人发现自己的天赋潜能。

4D识人测试表：

天生决策倾向测试

情绪型	勾选		逻辑型
1. 基本上，和谐很重要			1. 和谐是达成目的的手段
2. 凭“感觉好不好”行事			2. 凭“合不合理”行事
3. 首先考虑的是人			3. 首先考虑的是事
4. 倾向和谐的关系			4. 倾向做对的事

（续）

情绪型	勾选		逻辑型
5. 通过获得共识来决策			5. 根据自己的想法来决策
6. 重要的是，信赖我的情感			6. 重要的是，信赖我的理智
7. 不能忍受冲突对立			7. 可以忍受冲突对立
总体上属于情感型			总体上属于逻辑型

天生资讯倾向测试

直觉型	勾选		感觉型
1. 依赖我的内在觉知			1. 依赖我的观察
2. 偏重思考“可能会如何？”			2. 偏重思考“是什么”
3. 倾向创意			3. 倾向常识
4. 行为依据闪现的灵感			4. 行为依据仔细的分析
5. 喜欢研究概念			5. 喜欢研究事实和数据
6. 注重全局考虑			6. 注重细节
7. 喜欢远大构想			7. 喜欢确立的事实
总体上属于直觉型			总体上属于感觉型

第一个是关于天生决策倾向测试，感觉自己倾向于哪边，就在哪边打一个勾，打勾的时候不要反复思考，要凭你的直觉立即做出反应，这样测试结果会更准。拿不准的话，就想一想你小时候是什么样的，按照自己小时候的模式去选择。如果实在拿不准选哪个，就问问你的家人和对你最熟悉的同学、朋友、同事等。这7道题你把每一个都打勾，看看前半边打勾的多，还是后半边打勾的多。如果前面打勾的多，你就属于情感型决策者；而如果后边打的勾多，就属于逻辑型决策者。

天生资讯倾向测试也是7道题，选择方法一样，如果前面的打勾多，就是靠直觉获取资讯，又称直觉型；如果后面打勾多，就是靠感觉获取资讯，又称感觉型。

当你把这两套测试做完，你的4D的颜色也就出来了。

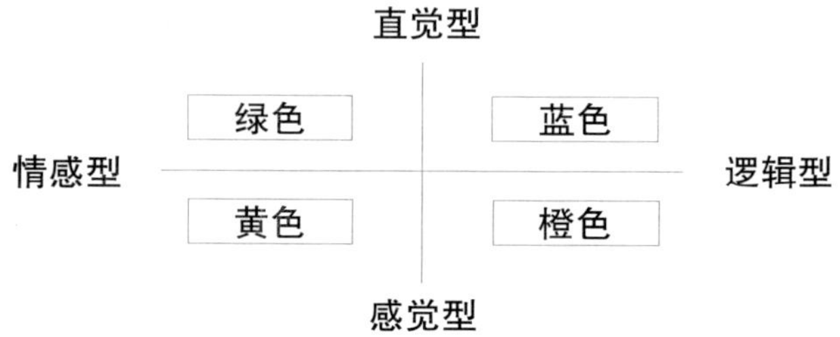

如果你是情感型加直觉型的，就是绿色；如果你是情感型加感觉型的，就是黄色；如果你是感觉型加逻辑型的，就是橙色；如果是直觉型加逻辑型的，就是蓝色。

卡尔·荣格指出，在做决定和收集信息方面的倾向是天生的。天性是与生俱来的，也就是说，我们每个人天生就会用情感或逻辑来做决定，并在天性偏好的基础上形成各自的性格。其中，有大约一半的人天生用逻辑做决定（如客户事实、理性、规则等），而另外一半的人用情感做决定（如感觉如何等）。同样，在利用信息方面，人们也先天地分为凭直觉和凭感觉两种类型。

那么，不同的颜色到底代表什么意思呢？这几种颜色的人，分别有什么特点呢？

绿色：培养型

绿色人比较关注人的需要，愿意为别人服务，追求的是对人没有伤害的成功。绿色人往往是理想主义者，热心且胸怀慈悲，能够感受他人的感受，具有崇高的价值观和崇高的目标。同时，绿色人也容易过度敏感、情绪化，容易出现受害者心态，爱批评，有时候容易不切实际。

黄色：包容型

黄色人胸怀比较宽广，有同情心，信任他人，忠诚友好，有合作精神。许多对别人来说觉得无法忍受的事，对黄色的人来说，则是差不多就行了。因为黄色人最注重和谐的关系，害怕冲突，害怕矛盾；注重大家在一起的感觉，注重团队。黄色人最大的优势就是包容性，有容乃大；而其最大的劣势则是过度的包容，对一些不该包容的东西也能去包容，就显得没有原则和立场，有些过度服从和压抑自己的观点。

蓝色：远见型

蓝色人关注一些大胆的想法、新的创意，产生的想法通常比别人快。喜欢创新、聪明、善分析、追求卓越是其最大的优势。同时，蓝色人也有不足之处，其包容性差，容易挑剔，好争辩；有时会苛求完美，容易不满；不太考虑别人的感受，不容易服从权威，所以有时可能会伤害别人。

橙色：指导型

橙色人的特点，就是关注任务、流程和确定性。他们负责任、有序、一丝不苟、有逻辑、专注任务，喜欢有计划的工作，并会严格按照纪律去执行。橙色人最大的优势是，通过流程和坚持来取得成功；他们最大的不足，则是容易指责和抱怨。橙色人爱评判、爱控制、思想保守、不敏感，容易对别人不满。因为他们的要求比较多，标准也比较多，而且很少注重别人的感受。

以上是这4种人的基本特点，当我们初步了解各种人的不同特点后就会发现：人和人真的不一样，而一个团队需要不同颜色的人去相互配合。如果每一个人都能清楚自己的颜色，那么选择自己适合的行业及职业就会比较容易。

不同颜色的人，对不同工作的胜任度也是不一样的。同一个人，某些工作可能做得很轻松、顺畅，成果也比较好；而做别的工作，则可能做起来很吃力，还没什么成果。

工作与天性的匹配：

绿色——人际关系创造者。

擅长：深切关心他人，非常忠诚。

黄色——团队创建者。

擅长：创建和谐的团队关系，与很难合作的人共事。

蓝色——创意构建者。

擅长：富有创意，追求卓越。

橙色——制度建造和维护者。

擅长：具有纪律性，严格遵循流程。

不同颜色的人，当把他放到合适的位置时，会很容易干出成绩；相反，如果放错了位置，他往往会很累，尤其是被放到对角线上时。比如，让绿色的人去做特别细致的管理工作，比如做质检、监督检查等就不太适合。让他去处理别人的时候，他会觉得很痛苦，因为他的本性中太注重别人的感受了。但是，如果是橙色的人这方面就会做得很好，因为他注重的不是感受而是规则，所以比较容易按原则办事。反过来也一样，你让橙色的人专门去做那些需要很注重别人感受才能做好的工作，则很可能会误事。

蓝色和黄色也是在对角线上，蓝色是充满梦想的人，善于创新、追求卓越，如果让他去做需要包容性很强的事，或是重复简单烦琐的事情，可能根本就做不下去。反之，让黄色的人去搞创意，或是一些可能需要面对很多冲突的工作，他就会非常郁闷。因为那真是太难为他了！

所以说，选择比努力更重要，当找到了自己的定位，你就已经向成功迈进了一大步。

各位亲爱的朋友，你到底是什么颜色的人呢？你适合做什么类型的工作呢？4D测试对于未来选择你的职业、选择你的行业、选择你的岗位、规划你的人生，又有怎样的启发呢？

Story
故事驿站

定位改变人生

2012年7月19日，在美国田纳西州孟菲斯市，我参观圣吉得儿童研究医院时，听一位老义工为我详细讲解了医院的来由之后，很感动，很震撼。

一个渴望成功的黎巴嫩年轻人，不知道应该做什么，不知道选择什么职业，不知道朝哪个方向发展，于是陷入极度的迷茫和困惑中。他许愿，如果能找到自己的发展方向，如果有一天能够成功，他会捐建一个圣吉得（耶稣12弟子之一）的教堂。

后来，一个牧师指点了他，让他在影视娱乐圈发展，并定位为笑星角色。没想到多年后他真的成功了！他就是好莱坞著名影星、笑星——丹尼·托马斯。

托马斯成功后找到多年前指点他的牧师，想要还愿。牧师说："与其建一个教堂，不如在孟菲斯建一个儿童医院。因为现在很多孩子得了癌症或其他疑难杂症却无法救治，小小年纪就失去了生命。没有人应该这么年轻就失去生命，即使没钱看病的人也有权利获得救治……”

选择决定结果!

从1955年开始，丹尼·托马斯开始筹集资金修建医院，可建医院比建教堂难度大多了，尤其是想建一所高标准的医院，需要太多太多的资金和人才。有一个想法容易，但要真正筹集到那么多资金和找到那么多人才，就太难了。然而，他并没有放弃，一直积极行动、坚持不懈。功夫不负有心人，1962年，圣吉得儿童研究医院终于开业了。

这是一个真正的慈善机构，不仅孩子的治疗全部免费，还包括吃住、机票及家长陪同，孩子们可以和父母同住。美国50个州的儿童和世界上其他地区的儿童均可前来治疗。并且，成千上万的儿童能享受到来自圣吉得的研究成果，这里每年有六七百篇世界级论文发布，但他们的所有的科学研究成果从不申请专利，而是向全世界公布，让这些最新的成果在世界医学界无偿共享……

目前，这个医院成为全球最权威的儿童癌症研究机构，成为全球最著名的流感研究中心，美国所有的流感病毒都在这儿研发，医院拥有博士以上研究专家两千多人，是美国国家癌症研究院指定的第一家，也是唯一一家儿童癌症治疗综合研究中心。这里拥有全球最大最全面的儿童癌症生物信息库，拥有世界最先进的设备，如3D核磁、放疗、化疗等，而且孩子接受放疗时父母可以通过电视看到全过程。每年有5400多人来到这里接受治疗，治愈率从刚成立时的5%，发展到了现在的80%以上。

鉴于其巨大的社会贡献，美国总统罗纳德·里根给托马斯颁发了国会金奖章。2011年，圣吉得医院还成为全美最受员工欢迎的单位。

他没有建教堂，然而他的功德也许已超过了建100个教堂！

丹尼·托马斯的故事让我深深意识到：定位，对于一个人的生命是多么重要！一个选择便可以决定人的命运，找对了路便开始了生命怒放的征程。

所以，过去怎样已不重要了，重要的是现在！

就像一首诗中所说的：

没有人能回到昨天

因为昨天已不可能再出现

没有人能提前开始明天

在它到来之前

唯一留给我们的

只有今天

我们要尽力使它变得甘甜

Heart
心灵火花

当我们满怀期待探索了关于梦想的话题，当我们剖析了自我真实的内心，充分认识到“我是谁？”及“我到底想要什么？”之后，人生的下一个重要规划就是在这一章中和大家共同分享的，如何积极有效发现自己的天赋潜能和聪明才智，以及如何选定人生的发展方向。

每个人来到这个世界上，都需要选择一条属于自己的人生道路。但脚下的路千万条，哪一条才是最适合自己的呢？上天是公平的，给予每个人不同的特点和个性，每个人也都拥有自己的天赋异禀和聪明才华。所以，不要盲目羡慕别人拥有的幸福与精彩，努力发掘自己的优势，选定属于自己的人生发展方向，只要方向走对了，再远的路也总有到达的一天。

朋友们，别再等待，行动起来，开始规划自己的人生之路吧，因为今天我们最年轻！

Step 3

[聚焦人生八件事]

慢下来，有时会更快

现代都市人也许都很难逃脱这样一个怪圈：平时都忙碌着、付出着、辛苦着、打拼着，可当一个人静下来时，却又不知道自己现在这种生活到底为了什么？人们总在急着赶路，猛然抬头却并不知道自己正走向何处。

有一个男孩从小便非常聪明，学习成绩特别好，不仅父母引以为豪，左邻右舍、亲朋好友也都夸赞有加，男孩也没有让大家失望，他顺利考取了全国重点大学。男孩成绩虽然优秀，但是他性格内向，不爱与人沟通，而且由于父母的疼爱，以及为了支持他全心全意读书，父母几乎从未让他做过家务，他甚至连自己的袜子都没洗过。

上了大学的男孩依然将学习放在重中之重的位置，各学科成绩优异，几乎年年获得院系奖学金。当其他同学在学习之余兼职打工接触社会的时候，当他们在尽情享受恋爱带来的幸福的时候，当他们在忙于参加各种院系活动的时候，男孩只行走于寝室、图书馆和教室之间。在他看来，好好学习才能出人头地，才有更美好的未来，但他从未真正思考过自己用功读书到底是为了什么，自己的人生到底该走向何方?

男孩依然与书为伴，勤奋用功。大学毕业后，当其他同学纷纷走上工作岗位，他也曾找过工作，但毫无社会经验、表达与沟通能力欠佳的他，虽然成绩优异却没找到工作。这让他备受打击，也让他第一次对自己一路走来的生活产生了质疑，最终他把这一切都归咎于自己学历不够，然后去考取了研究生，毕业后又顺利考取了博士。

在他读博士期间，参加了几次以往同学的聚会，大多数同学都已结婚生子，事业也小有成就。甚至有几个没读大学的同学，日子都过得风风火火。因为他们有了自己的一技之长，在社会也很吃得开。

这时，他第一次开始正视自己，开始思考这么多年来自己所走过的路。他一直是在别人的夸奖声中长大的，而此刻他却突然觉得自己一无是处，伸出双手依旧空空如也。于是，就在博士即将毕业的前一个月，他从宿舍8楼的阳台窗户上跳了下去，结束了自己的生命。

原本聪明勤奋的他，未来应该是前途无量的，而他却一步步迷失了自己。

其实，努力学习和用功读书本没有错，错就错在他没有明确自己的学习到底是为了什么，通过学习自己最终想得到什么，也没有清晰地规划出自己想要的人生。

美国总统奥巴马，他是第一位非裔美国总统，也是首位同时拥有黑（卢欧族）白（英德爱混血）血统，且童年在亚洲生活的美国总统。2009年10月9日，获得诺贝尔和平奖。

青年时期，奥巴马因为自己的多种族背景，很难得到社会的认同。十几岁的他成了一个瘾君子，和其他一些青年一样，不知道生命的意义何在。那时的他，家境是贫穷的，前途是无望的，成功的道路曲折得连路都找不着。他曾有一段荒唐的日子，也做过很多愚蠢的事，比如逃学、吸毒、泡妞等，曾是一个不折不扣的“坏小子”，曾以吸食大麻和可卡因来“将‘我是谁’的问题挤出脑袋”。

给青年奥巴马带来深刻影响的是他的外祖父和外祖母，以及黑人诗人、记者和美国左翼活动家戴维斯。在他们的影响下，他逐渐开始探索并规划自己的人生。

成功的人生是规划出来的，人生因规划而更加精彩。你规划好自己的人生，就会活出自己的精彩，就会吸引很多能量来支持你实现梦想；你不规划自己的人生，就要为别人而活，就要让别人来规划你的人生。经过此番对比，相信拥有梦想的你已经找到了人生路上的答案。接下来，我们要探索的一个问题就是：如何规划自己的人生呢？

获得幸福人生的密码

关于人生规划，我采用的是四象限平衡人生规划法。

四象限是什么？

一个人想要获得平衡幸福的人生，规划自己人生时必须要考虑以下四个方面。

第一个象限：个人

一个人来到世界上，自己非常重要。如果连自己都不爱，不懂得让自己成长的话，其他的什么都是白费。我曾看到过这样一则新闻：在2010年1月到2011年7月的19个月时间里，有19名高管离开这个世界，他们有的还很年轻。他们也许事业有成，也许创造了很多辉煌，但是因各种意外而离开了这个世界，是不是让人觉得很遗憾、很惋惜？如果连你自己的生命都没有了，说什么都是白费。所以，四象限的第一部分就是个人——你自己。

第二个象限：家庭

我们能够来到这个世界上是因为有家庭有父母，我们才会出生并长大成人。因为有家庭有人爱我们、抚养我们、用心呵护我们，才让我们从只会吃奶一点一点地长大，一步一步地成长起来。

一个人的成长离不开家庭，我们也同样有责任，为自己的家庭、为自己的后代付出。离开了家庭，我们会感觉自己就像一棵没有根的草。

第三个象限：事业

一个人来到这个世界上，如果只有自己，没有自己的事业的话，其他各个方面都会受限制，甚至生存都会成问题。所以，事业是我们安身立命之本。一个人只有有事业才能够做出更多的贡献。

第四个象限：社会

我们来到这个世界上能够好好地活着，除了个人、家庭、事业以外，整个社会也给我们提供了一种生存环境，我们个人的发展，以及整个人类的发展，都与社会环境息息相关。

在2006年，感动中国候选人中有一位德国人卢安克，他以一己之力，在中国践行自己的教育梦想。从一个不被当地人认可的“外国鬼子”到孩子们心目中的“孩子王”，他为这个社会付出了太多。许多人被他的精神所感动所激励，许多留守儿童因为他而改变了生命的状态。

一个人，为了家人，家人就是他的后代；

一个人，为了学生，学生就是他的后代；

一个人，为了人类，整个人类就是他的后代。

我们的生命规划中，应包含个人、家庭、事业和社会四个象限。当以这样的格局去做人生规划时，我们的生命会在一个全新的轨道上运行。

Teach
自我教练

结合前面的内容，接下来请跟随我的引导，绘制出属于你的人生规划图。

1. 在笔记本上找一张空白页，在这页的左上方写上：

我是一个________、________、________的人。

（这句话就是Step1的“自我教练”中你写出的那句话。）

2. 思考：你这一生中做到哪些事，你就是这样的人了？

（1）____

____。

（2）____

____。

（3）____

____。

（4）____

____。

（5）____

____。

（6）____

____。

（7）____

____。

（8）____

____。

3. 把思考出的八件事，用精练的语言填入以下的平衡轮中。

绘制你的人生地图

很多学员问我："杨老师，您既做培训，又带领自己的企业，又要做公益，四川大地震的时候还去一线做心理救助，您如何保持工作和生活的平衡呢？"

实际上，我所做的这一切都是在我的规划之中，都是在实现我自己一生最重要的八件事。在这里，我愿意将我的八件事与各位分享，希望对各位有所启发。

首先，我给自己的人生定了个主基调，即我的人生是成功、快乐与爱的一生。但问题出现了：我的一生，怎样才能算是成功、快乐和爱的一生呢？要成为一个成功、快乐和充满爱的人，我的一生中又要做到哪些事呢？

带着这样的问题，我又画了一个平衡轮，并将要成为一个这样的人，我一生中所需做到的八件事写到上面。

第一件事，做一流的品牌课程大师，同时推动人类的进步，把爱传递出去。

第二件事，成为一名真正教练型的领导者，无为而治。让我们的团队，不需要我在身边，依然能够健康发展。

第三件事，写十本有价值的书。即使我离开这个世界，也能给后人留下一些非常有用的东西。

第四件事，拥有幸福的家庭。有时间多和父母、爱人、孩子在一起，给他们带来更多幸福和快乐。

第五件事，建立希望学校。让更多贫困的孩子有机会免费上学，从而改变他们的命运，用爱点亮世界。

第六件事，有弟子三千。让我们的思想、我们的课程体系更快地传播出去，从而帮助更多的人、更多的团队，为祖国的繁荣昌盛尽一份自己的心力。

第七件事，打高尔夫和周游世界。高尔夫是我酷爱的运动，既能锻炼身体，又可以修心。走进明媚阳光，走进蓝天白云，走进绿草如茵，回归大自然，感受天人合一；周游世界，读万卷书，行万里路，链接世界的每一个角落！

第八件事，宁静、自由的生活。拥有自己宁静自由的空间，和自己的感觉在一起，和自己的心在一起，不强求自己做什么，也不强求自己不做什么，想打球就打球，想发呆就发呆，像水一样流动，像风一样洒脱，冬去春来、花开花落，一切都是自然的，自然的才是最美的……

当我把这八件事列出来的时候，我忽然感觉自己想要什么更清晰了。如果我一生中做到了这八件事，这不就正是我想要的成功、快乐和充满爱的一生吗？这一刻，我感觉浑身充满激情，力量无穷！我仿佛真正找到了我想要的生命，真正找到了我自己。

各位朋友，在聚焦人生八件事的过程中需注意以下问题：

1. 八件事不是一个实际意义上的数字，而是达成平衡四象限的规律。

读到“一生只做八件事”，很多人可能会奇怪“为什么一定是八件事？”在此，我必须解释清楚，八件事只是从一个平衡的角度来说，达成一个四象限的规律。在规划簿上，你也不一定必须写八件。写三件可以吗？写七件可以吗？写十一件可以吗？都可以。

所谓的“八件事”是一个相对的平衡，但不是唯一的定律，也不是说必须要找到八件事。你有可能找到的是七件或九件，关键在于能达成平衡四象限。

2. 我的八件事不是你的八件事。

每个人都有自己的人生，每个人都有自己的实际情况，每个人都是在和自己比。只有找到自己的八件事，你的生命才更有力量，照搬别人的往往只会使自己无力。

3. 四象限代表做八件事的四个维度。

在本书中，八件事的人生规划从四个维度展开。这四个维度分别是：个人、家庭、事业和社会。在西方的高端教练课程中，四象限是拓宽人意识维度的一个非常棒的工具。

其实，四象限的平衡概念，在中国古代就早已提出，那就是：修身、齐家、治国、平天下。当我们人生八件事的规划中包含了这四个维度，所做的规划99%不会偏离最后你想要到达的方向。并且，它会支持你达成事业、个人、家庭的平衡发展。

4. 实现八件事是否一定要有很多钱?

和一个朋友的聊天，让我很有感悟。

他曾经历辉煌，然而就在他最春风得意的时候，一次决策的失误却给他带来了十年的牢狱之灾。一起吃饭时，他诉说了自己的一些心酸往事，说到伤心处几乎落泪。

就在那一刻，我感悟到了人生的三重境界。

第一重境界：生存。

生存，是指保存生命、活在世上，为活下来而奔波。这是每个人活着的基础，脱离了这个基础，更高的境界也就无从谈起。

第二重境界：生活。

生活，就是在生存的基础上，能有更多的追求，让自己活得更好。每个人都希望自己生活得更好，这是人的本性。然而，过多追求身外之物，也使很多人迷失了自己，成为名利物欲的奴隶，无法进入更高的人生境界。

第三重境界：生命。

生命，是一个人的最高状态。知道自己到底想要什么，知道自己的使命，找到自己来到这个世界上的真正价值，做自己喜欢的、擅长的且有意义的事情。为活出真我价值而努力，不为身外之物所扰，每天处于一种清晰、愉悦、淡定的状态……这也就是我常说的“让生命怒放”的状态。

有人说，离开了优厚的物质条件，人不可能达到第三重境界——生命。其实，不一定。

比尔·盖茨通过软件改变了世界，让无数人改变了生活方式，不仅实现了自己的价值，还活出了自己的生命色彩。

乔布斯，通过创造苹果帝国改变了世界，让无数人受益，也活出了自己的生命色彩，且赚到了很多钱。

庄子，一生都很贫穷，甚至经常向邻居借米吃，但他依然活出了自己的生命色彩。他的“乘物以游心”“天地有大美而不言”“相呴以湿，相濡以沫，不如相忘于江湖”“子非我，安知我不知鱼之乐”“不乐寿，不哀夭，不荣通，不丑穷”“独与天地精神往来”“至人无己，神人无功，圣人无名”……句句经典，句句震撼人心。那种生命怒放的状态，两千多年来，几乎无人超越。

孔子，也很穷，但他带领众弟子周游列国，并为后人留下了无穷的精神财富，至今仍被奉为“圣人”。

所以说，生存和钱有关，但生命的怒放却和钱没有必然的联系。钱多，可以活出自己的生命；钱少，依然可以活出自己的生命。即使没有优厚的物质条件，只要坚持不断地修炼和成长，仍能逐渐进入第三重境界——生命。

生命是自己的，活出自己的生命，让生命怒放，才是无悔人生！

开满鲜花的花园里不会长草。在人生的花园中，我们总会做些什么，或是追求你想要的，或是逃离你不想要的。当我们规划出一生想要的八件事之后，整个人生会聚焦在自己想要的方向上。不要小瞧这份聚焦的力量，三五年后，聚焦与不聚焦的人就会走上完全不同的人生方向。

Story 故事驿站

当下就是人生的每一颗石子

很多人不太确定现在所做的是不是自己最终想要的，是否在实现自己最终梦想的道路上，所以感到犹豫、彷徨，内心的力量不坚定。回顾自己几十年的经历发现：几乎没人能一下找到自己的最终梦想，但只要能活在每一个当下，就终有一天会找到。即使你现在没找到最终梦想，即使你现在所做的不是真正想从事的职业，但只要用心把握住每一个当下，都会是一种生命的体验，也都会是未来的一笔财富。并且，为未来的成功之路争取到更多的机会，也为未来更上一层楼奠定了基础。

当内心总有一种不确定感、当你没有归属感地做事，就不是生活，更不是生命，而是生存。生存的感觉，让我们无法享受人生；生存的感觉，让我们无法树立自信；生存的感觉，让我们无法静下心来探索真正属于自己的生命。

一个接纳自己、从容淡定、把握每个当下的人，可以重新选择行业，而且他的选择往往是芝麻开花节节高的。因为他的选择，是站在原来的优秀甚至卓越基础上的更进一步。而一个不接纳自己、内心彷徨、把握不住当下的人，总是在等待最佳时机的人，往往只会有两种结果：一种是长期的等待和忍耐，却没有好的结果；一种是频繁跳槽，却没有大的发展，总在原来的水平上打转。人生的每一个当下就像生命中的每一颗石子，爱它、接纳它、把它放到合适的位置，它就是我们生命的一颗铺路石；不喜欢它、不接纳它、和它较劲，它就会成为我们生命的绊脚石。

前段时间，我在青海湖做了一次名为“幸福人生”的培训，培训过程中举行了一场团队竞赛活动，看哪个团队最终能得到总分第一名。

课程一开始，每个队都信誓旦旦、志得第一。其中，A队看起来实力强大，队员的个人能力也很强，而且士气正旺，看那阵势第一是志在必得。

第一天A队的分数便遥遥领先，第二天，依旧领先，很多队员都认为A队得第一已没有太多争议。但当第五天培训结束时，成绩出来了，你猜结果怎样？A队竟然是倒数第一名！而且，成绩比其他队落后很多。A队队员很郁闷，他们都想不通为什么结果会有如此戏剧性的变化，是什么让他们一败涂地？

课程结束后，我帮他们进行了一个剖析，大家才恍然大悟。原来，第二天晚上因为湖边很冷，我给大家一个多小时出去买服装，没想到西宁打出租很费劲，很多人都回来晚了。A队迟到的人最多，尤其是队长回来得最晚，结果被扣了160分。扣分之后，总分排名发生了变化，A队不再是第一。

而这仅仅是转折的开始。从这一刻起，A队的队员之间就开始互相指责和抱怨。在接下来的三天，其他团队找到了有效的方法使分数一路飙升，而A队却始终没有研究和讨论过如何有效达成目标。尽管A队里也有人知道如何得高分，但方法没有被推广运用，以至于最后成绩出来，看到和其他队的巨大差距时，所有队员都懵了——怎么会产生如此大的差距？

我在“幸福人生”的课程上讲到，幸福就是活在当下。活在当下是什么？就是放下过去、享受现在、面向未来。A队之所以失败、郁闷、纠结，就是因为没有活在当下。

首先，没有放下过去。他们不是没有能力，也不是没有激情，而是从遇到挫折的那一刻起他们就没有放下过去，不断拿之前的扣分说事儿，让团队士气低落无法形成凝聚力。

其次，没有享受现在。不能放下过去，让他们不断互相指责、抱怨和争吵，让每个人的幸福指数都下降，于是整个团队变得很浮躁。最后，没有面向未来。我们都想要什么，我们的团队想要什么？是想争取第一啊！

然而在情绪的操控之下，队员们似乎已经忘记了这个目标，也忘记了这个承诺。所有人眼看着成绩一步步被别人超越，被别人拉开距离，每个人都很着急，却始终没有进行过有效的团队沟通，更没有一起想办法。事实上，提高团队成绩的方法很简单，而且他们团队内有好几个人都知道，只要进行一次针对如何有效提升成绩的沟通，很快就能扭转败局。

所有的一切都是学习。在这次学习中，A队成员从失败中学到了更多。每个领导者都在这次失败中察觉到了自己日常领导模式的误区，也学到了最有价值的一课。

幸福，就是活在当下！

成功，是因为能够活在当下！

Heart
心灵火花

现代都市人大都很难逃脱这样的怪圈——忙碌着、付出着、辛苦着、比拼着，一个人冷静思索的时候，却又不知道自己现在的生活状态到底是为了什么？所以，总是在急着赶路，猛然抬头却并不知道自己将要走向何处。在本章中，我们给大家建立了一个人生规划的基本概念：别急着赶路，要建立清晰的人生规划。

在本书中，我们采用的是四象限平衡人生规划法，从自己、家庭、事业和社会四个维度进行规划，使八件事人生规划能让一个人平衡生活与工作、个人与团队、当下与未来的关系。

了解了规划的基本原则，接下来要做的就是进入自己的八件事规划。在本章中，介绍了国际上非常简洁的规划工具——平衡轮，帮助大家找到八件事，绘制属于自己的人生规划图。

为了让大家的规划更清晰，特意在这章加入了我的八件事规划作为案例，供大家参考和借鉴。

Step 4

[让梦想着陆]

为什么目标不能实现

你是否有过这样的经历：曾经拥有这样那样的梦想，每次开始时梦想都很激励自己，可到后来却由于种种原因不了了之。

目标不能完成大致有以下几种状况：

1.目标太大，无法和现实对接，想做又不知道如何达成。

2.实现目标的过程中遇到新的诱惑，放弃了自己最初的梦想。

3.自我约束能力弱，有想法，没行动。

百度上搜了一下“为什么目标不能实现呢？”0.001秒就搜到了1200万条相关帖子。可见，这一现象十分普遍。

为什么目标不能实现呢？

我在找八件事的过程中同样碰到这个困惑。开始浑身充满力量，当我实施起来后，却发现这八件事中哪一件都不是那么容易就可以完成的。怎样才能完成这八件事，而不只是空想呢?

老子说："图难于其易，为大于其细。天下难事，必作于易；天下大事，必作于细。是以圣人终不为大，故能成其大。" 意思是：做困难的事情要从容易的地方着手，想做大的事情要从小处着手；天下困难的事情，必定是从容易的地方开始的，天下大的事情，必定是从小处开始的。圣人不直接去干什么大事，反而能干成大事。

人生路要一步一步走，饭要一口一口吃。千里之行，始于足下。

将目标分解到每一个当下

无数事实证明：火箭飞向月球需要一定的速度和质量。科学家们经过精密的计算得出结论：火箭的自重至少要达到100万吨，而如此笨重的庞然大物无论如何也是无法飞上天空的。因此，在很长一段时间里，科学界都一致认定：火箭根本不可能被送上月球。直到有人提出"分级火箭"的构想，问题才豁然开朗。将火箭分成若干级，当第一级将其他级送出大气层时便自行脱落以减轻质量，这样火箭的其他部分就能轻松逼近月球了。分级火箭的设计构想启示我们：学会把目标分解开来，化整为零，变成一个个容易实现的小目标，然后将其各个击破。这不失为一个实现终极目标的有效方法。

有人问我：杨老师，我看到你的八件事，觉得都挺大的，你能够一下子实现吗？比如说您要成为一流品牌课程大师等，每一件事情你如何去做到呢，能一下子做到吗？

关于这个问题我有切身的体会，记得当规划出自己的八件事以后，内心充满动力，觉得太棒了，这就是我想要的人生！如果能做到这八件事，那么，这一生真的就不后悔了。所以我特别有力量，每天都特别有激情。

但经过一段时间之后，我发现自己有一些迷茫，同时也有人问：要成为一流品牌课程大师能一下子做到吗？我觉得自己离这个目标真的还有一定距离，这不是一天可以做到的。比如说，要写十本书，什么时候才能写出来十本有价值的书呢？真觉得有些迷茫。

这时，我想起了毛主席的一句诗词：可上九天揽月，可下五洋捉鳖。当时，这句话对我的触动特别大。什么是可上九天揽月？找到自己人生中想要的，做出了科学的规划，就像我人生中最重要的八件事一样，就是上九天揽月。假如这些实现了，我的梦想也都可以实现了。那种感觉，真的比上九天揽月的感觉还爽！下五洋捉鳖是什么？不就是具体的落地和行动吗？把当下的每一个行动和目标相关联，让每个行动都为目标服务，找到其中的链接点，不断实施。

于是，我在笔记本上画了一个十年平衡轮。如果我一生中要做到这样的八件事，那么在十年内我要做到什么呢？比照着一生中要完成的那八件事情，我把十年内应该做到的每一件事情都写了下来。

例如，我人生的第一件事情是要成为一流品牌课程大师，那么我十年内成为中国一流的培训师，有自己独特的思想，并能够帮助到很多人，是不是做到这件事情就离我的梦想更近一步了？再比如，我其中的一件事是要周游世界，如果十年内我去过三十个国家，是不是也离我的梦想更近一步呢？

我发现，原来每一件事情都可以分解。我规划完十年要做的事情，忽然灵感又来了，我是不是还可以把它分解得更细致、更具体呢？三年内我要做到什么，就可以离十年的目标更近一步呢？于是，我把三年要做的事分解出来。也许感觉来了就刹不住车，紧接着我又把它分解到了一年内。然后，我再分解到三个月内要做些什么。最后，我把它继续分解到一个月内要做到哪八件事。于是，一个平衡轮接一个平衡轮，这样一个个分解下来，最后分解到一个月的时候，我觉得目标已十分清晰了。

我只需要明确在这一个月中，把哪本书写到什么程度；去讲多少天课，讲到什么程度；去学习些什么知识；陪伴我的家人和孩子都怎样度过；去打几天高尔夫，怎么去练习……这一个月，我就会觉得很充实了。

当我把这些事情一一落实以后，发现平衡的人生原来并不像想象中那么难实现。那一刻我特别有感觉，于是迅速拿出自己的笔记本，在上边写了这样几句话：

我无法一下子成为自己一生想要成为的那个人，也无法一下子做到一生想要做到的那八件事。但是，我只要一年做到了，就是成功的一年，一天做到了，就是成功的一天。

其实，人生就是活在每一天，活在每一个当下。

梦想照进现实

亲爱的朋友，当看到这里时，你有怎样的启发，又会采取什么行动呢?

不要等待了，此时此刻，我邀请你也拿出笔记本和笔，在上面画出一个个自己的平衡轮。把你一生的八件事规划出来，然后把它分解到十年、三年、一年、一个月。十年内你要做到哪八件事？一年内你要做到哪八件事？一个季度内你要做到哪八件事？一个月内，甚至你也可以分解到一周内。当然，你也可以不分解到一周内，只需根据自己的习惯，但至少要分解到一个月内你要做到哪八件事。

需要注意的是，在做规划的过程中要有一个基本的概念，你十年的八件事和你一生的八件事一定是相关联的。接下来三年的也好，一年的也好，都跟你这一生的八件事是有关联的，甚至包括一个月的和一周的也要有关联。而且，每一个阶段的八件事都应该是可以做到的。把它们一步步关联起来，你就会发现，你做的任何事情都是和你人生的八件事相关的。如果你每一天、每一分、每一秒做的每一件事都关乎你一生的八件事，那么你八件事是不是就比较容易做到了？

接下来，请你拿出一段时间，结合自己一生的八件事，进行你的八件事分解。按照下面的工具表，填出你的人生八件事。

我十年的八件事

我三年的八件事

我一年的八件事

我这个月的八件事

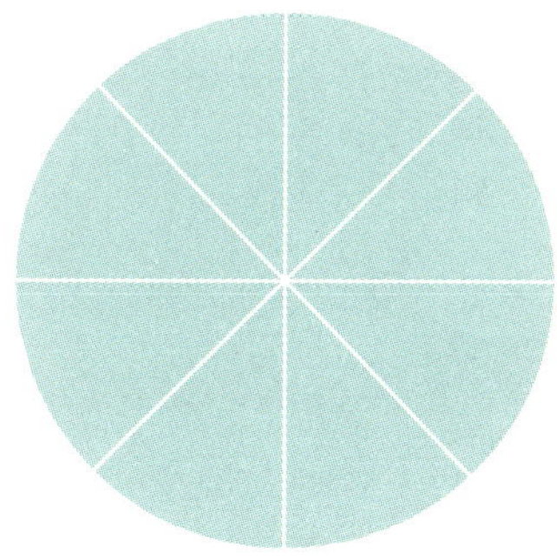

一座高山即使有一万级台阶，甚至有十万级台阶也不可怕。可怕的是，你一直都在原地打转而不往上走。只要你坚持每天向上走一个台阶，即使有十万级也总有一天可以走完。

所以，在做规划的过程中要清楚，你所规划的每一步都是可以做到的，而不是无法完成的。每一步的规划都是为了证明你有这能力，而不是为了证明你的无能。所以，朋友请耐心做好你的每一步规划吧！一步一步按时间的从远到近、从大到小画出一个一个平衡轮，把你的人生清晰地规划出来，规划到这个月甚至这一天，那么你的人生从此就会变得与众不同。

为了给大家一些借鉴，我把自己十年的八件事也分享一下，这样大家理解起来也许更容易一些。

我十年的八件事：

第一件，“核能领导力”课程成为全中国最有价值的课程之一。

第二件，打造出国内最具贡献力的企业。

第三件，写4本以上有价值的书。

第四件，投身公益事业200天。

第五件，培养弟子300。

第六件，周游世界一半以上的国家。

第七件，高尔夫每年打50～100场。

第八件，幸福的家庭生活，跟孩子和家人有良好的互动。

这样，十年的八件事看起来更轻松，也更容易做到。接下来，我再跟大家分享一下我一个月的八件事：

第一件，一本书的思路基本成形。

第二件，讲授8天“核能领导力”系统课程。

第三件，支持四川灾区，义讲6天。

第四件，给自己的团队进行一次内训。

第五件，打4场高尔夫球。

第六件，在深圳上课3天。

第七件，带着家人和孩子出去玩3次。

第八件，组织和参加北京的两次教练沙龙。

这样分解之后，我这一个月的八件事就变得更简单、直接，也更容易做到了。

持之以恒，成功就不远

古语有云：骐骥一跃，不能十步；驽马十驾，功在不舍。同样，成功的秘诀不在于一蹴而就，而在于是否做到持之以恒。

有一个“茶叶姑娘”的故事:

1987年，她14岁，在湖南益阳的一个小镇卖茶，一毛钱一杯的茶水，虽然味道没什么特别，但盛茶水的杯子却比别家的大。因此，茶水卖得很快，乡里乡亲也都喜欢到她这儿喝杯茶。那个时候，她总是快乐地忙碌着。

1990年，她17岁，她把茶水摊摆到了益阳市，不再卖普通的茶水，而是卖当地较有名气的“擂茶”。这种茶叶的制作比较麻烦，对水的要求也比较讲究，但茶水也能卖上较高的价钱。所以，她依然快乐地忙碌着，因为她的小生意已渐渐有了起色。

1993年，她20岁，依然在卖茶，只是地点改在了湖南省城长沙的繁华大街上，原来那巴掌大的小茶摊也发展成了一个小门面，店里还多了小伙计。进店的客人在品尝过浓香四溢的香茶后，常常还会买走几包茶叶。

1997年，她24岁，长达十年的时间里，她都在茶叶与茶水之间摸爬滚打，而此时的已她不只是个小茶店的老板了，她的茶叶店已经开到了全国十余个城市，包括长沙、西安、上海、深圳等地。由于她的茶叶品质上乘，店面口碑极好，她的生意也越做越大。

2003年，她正好30岁，她实现了自己人生中最大的愿望，将茶叶店开到了新加坡和马来西亚等地。她的茶叶顺利走出了

国门，并与当地的咖啡、奶茶等各种饮料平分秋色，甚至在这些地方飘着茶香的茶庄更受人们欢迎和追捧。

“茶叶姑娘”用了十几年的时间，将一个小小的路边茶水摊发展成如今在国内外拥有众多连锁茶庄的企业。这是何等的坚持与耐力，又是多么的不容易。当人们问她成功的秘诀时，她带着亲切的微笑说：

哪有什么秘诀，我只是用自己十几年的光阴证明了，想要成功、想要梦想成真，除了每天在心中默念理想之外，最重要的是坚持不懈地付出、一点一滴地积累。否则，就没有任何秘诀可言。

Teach 自我教练

我们如何才能真正做到持之以恒呢？

下面的教练问题可以帮你设定目标、取得成果。请找一个安静的地方，静下心来，在每个问题后写上你的答案：

1. 未来的三个月，你最想实现并能实现的目标是什么？

______

2. 这些目标对你来说是否具有挑战性，你是否可以做到？

______

3. 设想一下，三个月后，如果你设定的目标都实现了，对于你和你的团队将具有何等的价值和意义？

____

4. 达成目标，你对自己的承诺度是几分，它对你为什么这么重要？

____

5. 要实现上述目标、取得预期成果，你需要从哪些方面入手？

____

6. 你的第一步行动计划是什么？

____

以上练习适用于每个目标的设定与达成，你需要熟练掌握，变成自我教练的工具。

Story 故事驿站

一天等于八天的美国之行

如果一个人的一天可以当八天用，那么他一年的时间，就可以走完别人八年的路，这样的成长能不快吗？

以我的美国之行为例，本来我这几年的课程非常多，而且都是很重要的课程，要抽出二十多天去美国是很难的。

但因为我的人生八件事中规划了周游世界，所以我在年初就把今年的主要行程规划出来，包括美国之行的时间安排。这样，在这段时间我就不会再安排课了。如果不提前规划好，肯定是无法成行的。

现在看来，我的那次美国之行，不仅实现了周游世界的梦想，同时也陪伴了家人。二十多天的时间，如果在国内，我反而没有这么多时间来陪他们。另外，我还开拓了视野，对我成为世界一流培训大师也非常有帮助。

在美国，我约了一些培训公司，和他们进行了深入的沟通和交流。同时，走访了西点军校、哈佛大学、耶鲁大学等。这对我的培训及未来的事业，无疑都大有益处。并且，这也是在实现我的另一个梦想，向成为一个真正教练型的领导者又迈进了一步。

在美期间，我走进美国的贫民窟了解美国最底层社会的情况，也参观了美国的富人区了解最先进的教育模式，为我在中国建希望学校和支持教育事业，都提供了更多借鉴。另外，我在美国打了两场高尔夫，闲暇时还思考和完善了《一生只做八件事》的书稿思路，将写书的计划推进了一步。

华尔街、好莱坞、迪士尼、尼亚加拉大瀑布等地二十多天的自由行充满了意义，且和我人生的八件事都是相关联的。因此，当我规划出了八件事，并将八件事在内心深处建立起了连接，就可以在同一时间内很淡定地兼顾到每一件事。

如果没有八件事的人生规划，很多人会觉得单纯花二十多天去旅游，有些不舍得，也有些纠结，值吗？但如果是在同时实现人生的诸多梦想，做人生中最重要的八件事，那你花二十多天去做八件事，平均每件只有三天的时间，这就太值了！

有时，人生真的是“通则不痛，痛则不通”。真正明白了其中的奥秘所在，你会发现，人生八件事是一个框架，当你带着这个框架去生活、去工作，就会少走很多弯路。当以这样的模式去思考，就会把能量聚焦在自己想要的地方。把能量聚焦在自己想要的之后，就会有很多正向价值产生。

所以，事情本身不会影响到你，真正影响到你的是你对问题的看法和回应，以及你对问题聚焦的方向。

八件事是把你的整个人生，锁定在了自己想要的地方。而这种能量的锁定，和分散使用的结果是完全不一样的。以铀为例，分散在大地中，浓度很低，什么都不是；但把铀浓缩到20%～25%，就可以用于核电站；浓缩到90%～95%就可以做原子弹。

人的能量也是一样，分散到每天繁杂的小事中，可能终生一事无成；而聚焦在自己想要的几件事，就会产生巨大的突破。八件事基于人生的四个象限：个人、家庭、事业、社会，所以找到自己人生中最重要的四个象限事情，是缺一不可的，是互相给力的，也是可以互相滋养的。离开了任何一个象限，人生都是不完整的。把这四个象限，具体化为八件事，在内心建立连接，人生就会发生核裂变式的突破。四象限的框架，能使你不至于跑偏。否则，很多人可能会找不到自己的八件事，即使找到了也可能只局限于某一个方面。

我在课程中，也都是让大家按照这四个象限来规划自己的人生。因为我们的人生，离不开这四个象限。首先是个人，如果一个人不爱自己、不关照自己，是没有能力爱别人、爱家人、爱团队，以及奉献社会的。

家庭作为社会的组成单元，是人类延续的单元，也是我们获取爱和温暖的地方。家庭和事业并不冲突，如果处理不好与家人的关系，人会很无力，家庭可能会成为事业的阻力和障碍；当处理好了家庭关系，家庭则会成为事业的一大助力。所以，家庭和事业是相互滋养的。

而社会、传承是一个人来到这个社会上的基本义务。如果没有人考虑这个问题，也没有人去做这件事，人类可能早就灭亡了。当一个人考虑到了对社会的贡献和传承，他的格局就会得到突破和提升，不会去做伤天害理的事，也不会有那么多毒奶粉、地沟油出现了。因为当一个人愿意为社会奉献，愿意无偿付出，还会为一己私利而斤斤计较吗？人生也会变得更快乐。君子爱财，取之有道。当人取之有道了，生命也就过得更坦然、淡定；企业也更能做强、做大、做久，真正成为百年企业；政府官员也会成为清官，成为真正受人尊敬的人！

Heart 心灵火花

拥有了美好的梦想，制定了人生的规划，找到了自己人生的八件事，只是完成了前三步。在本章中，我们谈到了第四步：让梦想着陆。

人不怕累，就怕累的没有意义。人的快乐，往往不是因为闲；人的痛苦，也往往不是因为忙；关键在于是否过得有意义、有价值。本章中我们探讨了为什么目标不能实现，目标不能完成的几种状况等话题，让大家清楚自己的现状，并学会科学的时间管理方法，学会用平衡轮将目标分解到每一个当下。

我用自己的平衡轮目标分解作为案例，实例讲解了目标落地的具体方法。同时，给出了目标与行动达成的有效工具，让大家在日常的工作和生活中做到自我教练。在《一天等于八天的美国之行》中，让大家更切实地体会当目标规划好之后，一个人的生活可以做到怎样的高效状态。

我没有时间烦恼，没有时间做无聊的事情。因为我的人生八件事已经分解到每一年、每一天，已经占满了我所有的时间。

Step 5

[拨开失败的迷雾]

痛苦的三大根源

有人问：“杨老师，我制定这八件事时挺有激情，尤其一想到自己的梦想就觉得特别有力量。但在追梦的过程中，我经常会遇到一些纠结、痛苦和无力，从而让自己没有力量继续，最后往往也坚持不下去。这个问题怎样解决呢？”

其实，只要我们真正找到了痛苦的根源，内心就会变得充满力量，这个问题也自然就解决了。

痛苦的根源到底是什么呢？佛家曾讲过，痛苦的根源是贪、嗔、痴。在我看来，痛苦的根源主要来自人的三种思考模式。

受害者心态

遇到问题、挫折和困难，不从自己身上找原因，不去发掘自己可以成长的地方，总觉得都是别人的错，是社会的责任，是环境的原因，而不是自己的问题。当人有这种受害者心态的时候，就会觉得无力、郁闷、烦恼和气愤。

跟受害者心态相对应的是负责任。负责任是不管遇到什么样的情况都能找到自己的责任所在，并不是自己要承担什么责任，而是一种心态，一种真正对结果负责、对自己负责的思考模式。当一个人拥有了这种负责任的思考模式，内心就会充满力量。

如何才能拥有负责任的心态呢？我有一种自我对话模式叫作“快乐三问”，非常简单有效。

第一问：我做了什么不该做的，或者没做什么应该做的，才得到这样的结果？

第二问：我从这件事情中学到了什么？

第三问：怎样做才能让结果更好？

关于快乐三问，在工作生活中可以应用的机会非常多，因此在后面的篇章中，还会有进一步的阐述。

索取

索取就是总想着我要得到什么。有人说：“我经常为别人付出，我为别人付出了那么多，可他们连个谢谢都不说”。当你提出这样的观点时，其实你已经在索取了。

真正的付出是什么？真正的付出就是愿意为别人去做些什么，心甘情愿地、发自内心地去做，而不求任何回报。即使你不给我任何回报，甚至连声谢谢、连个微笑和点头都没有，也没关系，因为我所为你做的一切都是我自愿的，并且在为你做这些的过程中我都是快乐的。当我们有了这样的思考模式，就会发现自己没有那么多的烦恼和痛苦了。

很多人的烦恼和痛苦来自总希望自己得到多而付出少，这可能跟我们从小的教育也有一定关系。从小很多家长教育孩子时会说："你要好好学习，将来考个好大学。"考个好大学怎么样？能够找个好工作。好工作的标准是什么？少干活多挣钱，环境还要好。这让很多人从小就期待少付出多回报，做任何事情都总想着回报。这样的心态又怎么可能快乐呢？

美国总统曾有一句话让我特别感动，"不要问国家和人民为你做了什么，先问问你为国家和人民做了什么"。当我们有这样的心态时，当我们真正去思考自己能为别人做些什么时，我们的人生就会变得不同，每天也都会有好心情，而不会总在指责和抱怨。

有一个关于石头汤的故事：

三个和尚来到村庄，这个村庄经历了很多磨难如洪水、战争、饥荒，让村民们疲惫不堪，对世界没有了信心，邻里间也彼此猜忌、没有信任，对生活没有热情，更不会和陌生人交往。和尚们行走在村子里，发现家家户户的门窗都关得紧紧的。他们敲谁家的门，谁家就关了灯，假装家里没有人，或者假装睡觉了。

“这些人失去了快乐的感受能力，我们可以尝试着煮些石头汤来唤醒人们。”和尚们说。于是，他们从山上捡来树枝，从河里打来水，在村子中央架起一口锅，开始生火煮起来。随着温度的升高，锅里的水沸腾着，咕嘟咕嘟冒着水花。

村里一个小姑娘看到了，很好奇这三个和尚在煮什么，问和尚们：“你们要干什么呀？”“我们要煮石头汤，需要找三个又圆又滑的大石头。”一个和尚说。“我来帮你们找。”小姑娘很快找到了和尚们要的石头。他们把石头放到锅里。“这几块石头，可以煮出好喝的汤，”和尚说，“但是，我担心锅子太小，煮的汤不够喝。”“我家有大锅。”小姑娘说完就跑回家告诉了妈妈这件奇怪的事情，妈妈答应了孩子的请求，把大锅借给了和尚们。同时，妈妈也很好奇石头能煮汤喝吗？就决定跟他们学习一下。

在村子中央，和尚们点燃的柴火青烟飘散开来，他们边烧火边翻动着锅中的石头……村子里的人渐渐被这神奇的一幕吸引了过来，他们都想看一看这石头汤是怎么煮的。

当搅动着石头汤的和尚说，“如果加上了盐和胡椒粉，石头汤才好喝呢！”一个眼睛睁得大大的看得津津有味的读书人立即说："我家里有！"说完赶紧跑回去取，石头汤里很快就加进了盐和胡椒粉。

和尚尝了尝味道，说："照我们的经验，这么大锅的石头汤，如果加上一些胡萝卜，汤会更甜。""胡萝卜？我家里有！"人群中的一个妇人说完赶忙跑回家里拿来，丢进了汤里。"要是放些洋葱，味道是不是会更好？"和尚问。一个农夫就跑回家取来了洋葱。"再加些蘑菇呢？"蘑菇也被取了来。之后，人们还纷纷拿来了面条、豌豆和包心菜。

当一个人打开心胸付出时，其他人就付出更多。汤锅里的东西也越来越多，饺子、豆腐、木耳、绿豆、芋头、冬瓜、大蒜、百合，甚至人们还大喊着："应该再加一点儿酱油！"和尚们搅和着咕嘟咕嘟的汤锅，伴随着汤的香味四散，人们的心也开始热火起来。大家在翘首企盼着他们共同煮的这锅汤出炉，并猜想着"会是什么味道呢？从来没有吃过这样的汤呀！可能会很香、很美味吧？"

汤煮好了，陆陆续续有人拿来碗筷、馒头、米饭、茶水等。大家聚在一起，互相说笑着，共同品尝着这神奇的石头汤。在大家的记忆里，他们从来没有像现在这样聚在一起享用过大餐。盛宴过后，他们说故事、唱歌，一直到深夜才回家。人们也不再锁门，而是纷纷热情邀请和尚们到自己家里去住，并尽量让他们睡得非常舒服。

等到和尚们准备离去的时候，村里人非常不舍，他们都很感激和尚们为村里带来了快乐。和尚们笑着说：“快乐其实很简单，你们本来就拥有的。”

真正的快乐其实很简单，真正的快乐就在付出的过程中。每个人付出一点点，就可以让石头变成世界上最美味的汤。

操控

痛苦的第三大根源来自操控。操控是什么？操控就是想让别人都按照自己的意志去做事。这种操控体现在方方面面：领导想操控员工，员工也想操控领导；家长想操控孩子，老婆想操控老公……总之，不是以别人喜欢的方式做事，而是期望让别人以自己喜欢的方式做事。

记得有人问过我说：“杨老师，我觉得自己是为他好啊！”对啊，很多家长不都有这样的问题，可当我们对孩子说“我这是为你好”，孩子的反应又是怎样的？如果你还想不明白，就回想一下以前自己的父母、领导或身边的人对你说“我这是为你好”时，自己是怎样的感受？

其实，真正为一个人好不需要总挂在嘴上，而是真正为他好、真正爱他、支持他、让他去做他喜欢的事和他应该做的事，而不是让他完全按照你的标准和要求去做。所以，一个真正幸福快乐的人一定不是天天只想操控别人的，因为我经常讲一个观念：一个人无法改变另一个人，也无法控制另一个人。

当我们把焦点集中在改变别人控制别人的时候，我们会感觉无力。而我们唯一能够改变的是我们自己，当我们自己改变了，我们的世界会随之改变。

事情本身不会影响你，真正影响你的，是你关于事物的定义和看法。

当我们找到了痛苦的根源就会知道，其实我们是能及时觉察的。当我们心中有情绪、有烦恼、有郁闷、不舒服的时候，问问自己“这个时候我是受害者了，还是索取了，或是操控了？”当我们一有这样的意识之后，就会发现原来都是自己的问题。这时，问题也基本解决了一半。

所以，当我们能够把这种痛苦从根上掐掉，我们每天都会感觉充满力量。如果我们每天都心情愉悦、感到快乐，即使出现问题，也会为成功找方法，而不再为失败找借口，更不会纠结、郁闷和痛苦了。

阻碍你成功的四个“小鬼”

每个人都渴望成功，渴望在自己的人生道路上留下浓墨重彩的一笔，创造一个不一样的自己，但想要获得成功并非一朝一夕之易事，而是需要付出艰苦的努力与辛勤的汗水。

成功之路上，总有各种困难阻挡着你前行的脚步，是退缩还是克服?

有学员反映："我在制定人生八件事的时候总觉得不敢想，因为我一想就觉得可能在未来很长一段时间里，这些东西都可能实现不了，那怎么办?"

关于这个问题，玛丽莲·阿特金森博士曾经提到过一个很有意思的"小鬼"理论。

"小鬼"是什么呢?简单地说，"小鬼"就是在心中阻碍我们成功的那些障碍。而在我们规划和实现梦想的过程中，经常会遇到四个"小鬼"。

第一个"小鬼"：害怕梦想

很多人不敢想，一想到要做什么事就对自己说："这怎么可能呢?这些只有少数人才可以做到，我怎么可能做到呢?"所以，当产生一个想法时，就会不自觉地被自己这个小鬼干扰，于是就不敢梦想。

在做八件事规划的过程中，很多人说不知道自己想要什么，其实不是不知道，而是不敢想。

有很多人即使规划出了八件事，也规划得毫无挑战性，都是很简单就能做到的事情，这样的规划就变得毫无意义，不会给人增加任何动力。要知道，这都是害怕梦想所带来的结果。

害怕梦想的人，不仅使自己不敢想、不能成功，还会经常成为梦想的杀手，不仅扼杀了自己的梦想，还扼杀了别人的梦想。他的亲人、朋友、孩子，刚有一个想法，或者说出将来要成为什么样的人，他立刻予以否定："怎么可能呢？别胡思乱想了，踏踏实实地做点事吧！"就这样，很多人的梦想都被扼杀掉了。

第二个"小鬼"：害怕失败

如果说第一个"小鬼"让人不敢去想、不敢去规划自己的人生，那么第二个"小鬼"就是让人不敢去做。

已经有了梦想、有了规划，可是在行动阶段经常会产生这样的念头：

假如我要做不成怎么办呢？

假如别人拒绝我怎么办呢？

假如最后我没有完成，我是不是很没面子？

……

这些害怕失败的念头，让他不愿去行动、不敢走出第一步，而最后的结果当然只能是失败。

第三个"小鬼"：害怕不被人接纳

人生的成长和成功，就是一个不断跨越障碍、跨越"小鬼"的过程。

跨越了害怕梦想的"小鬼"，我们才有可能找到自己的梦想，规划自己的人生；而跨越了害怕失败的“小鬼”后，我们才可以去行动。在行动的过程中，有一些成果出现，于是一点小小的成功开始到来，这个时候又有第三个“小鬼”出现，你会反复地想：

会不会枪打出头鸟啊？

如果我做得太好，是不是别人会不喜欢、会嫉妒？

我会不会陷入孤立之中？

……

这样的障碍，让很多人在取得一些小成就的时候，就不敢再追求上进，最后逐渐变得平庸。

第四个“小鬼”：害怕冲突

当超越了前面的三个“小鬼”，人的良好状态开始出现，人也变得越来越优秀。然而，当你在某个领域出类拔萃的时候，想更进一步就要去面对一些突破、改变和挑战，要勇于面对一些冲突。

然而，很多人因为担心冲突，而不敢再进一步。或是在面对冲突的时候，忘记了自己到底想要什么，选择了放弃或逃避，甚至退回到远点，从而无法更上一层楼。

既然成功的路上，不可避免地会有一些“小鬼”，我们应该如何战胜“小鬼”，突破障碍走向成功呢？最有效的方法是建立教练思考模式。

记得在昆明的一次课上，我曾经对教练思考模式做出这样的诠释：教练首先是聚焦目标，即绕开或超越这些小鬼，唯有如此，我们的梦想才有可能一步一步去实现。

有人说："能战胜小鬼当然很好，可是如何才能超越、绕开它呢？"我的基本的观念是：不要跟这个小鬼较劲，越是聚焦在问题，问题往往越多，从而忽略了自己想要什么，而深陷在解决问题的泥潭中。我们要经常问自己一个问题——我想要什么？当你清楚自己想要什么的时候，就不会跟小鬼去较劲了。当把焦点集中在目标的时候，你就会开始绕开这个障碍，绕开这个小鬼。

举个例子，在我们行进的路途中，突然有一块石头挡住了去路，我们跟这块石头较劲会很累。如果是一座山，就更累了。我们虽然也可以像愚公一样去移山，一筐一筐背石头，像愚公说的："子又有孙，孙又有子，子子孙孙无穷匮也，而山不加增，何苦而不平？"但那样是不是太累，也太不值得了？人生苦短，把大量的时间和精力用在跟"小鬼"较劲上，是你想要的结果吗？

我们来到世界上，是为了去移山吗？我们既然很难挪动那座山，不如改变自己。我们可以绕过去、攀过去，总之一旦聚焦在目标、聚焦在目的地，就可以有很多种方法去达成。聚焦我们想要的，而非聚焦在我们不想要的，这就是教练思考模式。按照传统思考模式，如果遇到了这样的情况，人们的普遍做法就是跟它较劲，基于现状去找各种各样的方法，非要解决这个问题不可。

教练思考模式是集中在到底想要什么，而非集中在我们不要什么，因为这个世界上我们不想要的东西太多了。例如：不想痛苦、失败，不想让别人嘲笑，不想被别人拒绝，不想遇到困难、挫折，不想让自己孩子受苦，不想社会腐败……然而，整个社会往往不是以我们的意志为转移的。人的精力有限，如果把我们有限的时间和精力都集中在“到底想要什么”上，很多问题就不成问题了。而如果把时间和精力都聚焦在“不想要什么”，我们往往会痛苦和纠结，甚至庸庸碌碌、一事无成。

接近梦想的“成功五问”

在我的课程上，经常讲到这样一个故事：

一个年迈的北美切罗基人常会告诉他的孙子们一些成功的真谛。一天，孙子看老人在安静地沉思，于是问他在想些什么？老人回答说：“在我的内心深处，一直进行着一场鏖战。这场鏖战是在两匹狼之间进行的。一匹狼代表着恐惧、愤怒、悲伤、贪婪、傲慢、怨恨、自卑等负面消极的东西；而另一只狼代表的是喜悦、宽容、积极、慷慨等正面积极的东西。这种交战不仅在我的心中发生，也在你们的内心深处进行。”听完这个老人的话，孩子们问：“到底哪匹狼会胜利呢？”老人说：“你喂养的那匹狼会胜！”

其实，在我们每个人的心中都有这样两匹狼，一匹是积极向上的梦想、愿景信念和思考模式等，在拉着我们向上走；另一匹是负面而消极的习惯和“小鬼”等，它们往往让我们变得无力。我们平时的言谈举止和思想喂养哪一匹，哪一匹就会获胜。

听了这个故事后，你是否会时刻有一种觉察：“此刻，我正在喂养哪匹狼？”很多人会说：“我们当然希望喂养那匹向上的狼，只是我怎么能够做到只喂养那匹向上的狼呢？”“成功五问”会帮助你，如果你能够学会问这五个问题，每一问都是在喂养那匹向上的狼。当你把这只向上的狼喂好了，那只恶狼自然就饿死了。

成功五问到底是什么？

第一问：我真正想要什么

无论遇到什么样的问题和困难，随时随地多问自己：“我真正想要什么？”我们的人生会开始变得不同。当我们不断问自己想要什么的时候，就把能量从那些不想要的地方转移过来，朝着正向的方向发展，于是我们便喂养了这匹向上的狼。当我们遇到困难、困惑、问题、阻力的时候，当我们去问自己到底想要什么的时候，就绕开了那些“小鬼”，绕开了那些障碍，从而开始去思考如果得到了自己想要的会是怎样的一种场景，内心就能产生一种力量。

第二问：我怎样才能得到自己想要的

仅仅想要而不付诸行动，就没有任何意义。当问出第二问时，我们就从困惑、纠结中走了出来，不再去指责和抱怨，而是问问自己到底该做些什么才能让我们想要的变成现实？你就会开始制定具体的行动步骤和计划，于是力量进一步增加。

第三问：我所做的是否有利于得到自己想要的

为什么要问这一问？因为很多人在做的过程中，一边在想着“我要成功，我要实现我的梦想”，一边却在喂养着那只恶狼，不断去跟那些“小鬼”较劲，不断受害、索取、操控。所以我们需要随时检视自己，检视自己现在所做的和自己想要的那个目标、梦想是否一致。如果一致就继续，如果不一致则应做出适当的调整。人不仅要往前走，还要学会停下来检视自己。

第四问：为得到想要的，我愿意付出什么努力和代价

很多人总是想着“我要得到什么”，如果只是想自己得

到什么，而不愿意去付出什么，不愿意去做一些事情，不愿意超越自我，那么我们想得到的永远无法得到。所以，第四问是让我们问自己，愿意付出怎样的努力和代价去得到想要的。

第五问：如何能够持之以恒

做一件事情，保持两三天的热情很容易，持之以恒却很难。然而，唯有坚持不懈，才能真正成功。

附上古祈福语：

请赐给我勇气，去改变必须改变的；

请赐给我平静的心，去接受无法改变的；

请赐给我智慧，去区分二者！

坚信“这也会过去”

《周末文汇》曾刊登了一篇文章《这也会过去》：

1954年，巴西的男女老少几乎一致认为，巴西的足球队定能荣获世界杯的冠军。然而，天有不测风云，足球的魅力也在于难以预测。在半决赛时，巴西队意外输给了法国队，没能将那个金灿灿的奖杯带回巴西。球员们比任何人都更明白，足球是巴西的国魂。他们懊悔至极，感到没脸去见家乡父老，也猜想回国后球迷们的辱骂、嘲笑和扔汽水瓶子是难免的。

当飞机进入巴西领空之后，球员们更加心神不宁、如坐针毡。可是，当飞机降落在机场时，映入他们眼帘的却是另一番景象：巴西总统和两万名球迷默默站在机场，人群中有条横幅格外醒目——“这也会过去”。球员们顿时泪流满面。总统和球迷都没有讲话，默默目送球员们离开机场。

四年后，巴西足球队不负众望赢得了世界杯冠军。回国时，专机一进入国境，立即有16架喷气式战斗机为之护航。当飞机降落时，聚集在机场的欢迎者多达3万人。在从机场到首都广场近20公里的道路两旁，自动聚集起来的人群超过了100万人。这是多么宏大和激动人心的场面！人群中仍有那条横幅——“这也会过去”。

后来，巴西足球队的队长向人请教，应该怎样理解“这也会过去”的含义？一位老者微笑着说：“这也会过去”的横幅是他写的，他给队长讲了一个故事。

古希腊有一位国王，拥有至高无上的权势和享用不尽的荣华富贵，但他并不快乐。因为他可以主宰自己的臣民，却难以操控自己的情绪，种种莫名的焦虑和忧郁不时让他闷闷不乐、寝食难安。于是，国王召来智者苏菲，要他找出一句最有哲理的箴言，而且这句话必须有一语惊心之效，能让人

这也会过去

胜不骄败不馁、得意而不忘形、失意而不伤神、保持一颗平常心。苏菲答应了国王，条件是国王将佩戴的那枚戒指交给他。几天后，苏菲将戒指还给了国王，并再三劝告他不到万不得已，别轻易取出戒指上镶嵌的宝石，否则它就不灵验了。

没过多久，邻国大举入侵，国王率部拼死抵抗，但最终整个城邦沦陷敌手。于是，国王只能四处亡命。有一天，为逃避敌兵的搜捕，他藏身在河边的茅草丛中，当他掬水解渴时猛然看到自己的倒影，不禁伤心欲绝——谁能相信如今这个蓬头垢面、衣衫褴褛的人，就是那个曾经气宇轩昂、威风凛凛的国王呢?

就在他双手掩面欲投河轻生之际，突然想到了戒指。他急切地抠下了上面的宝石，只见宝石里侧刻着一句话——这也会过去。国王的心头顿时重燃希望，从此忍辱负重、卧薪尝胆、重招旧部并东山再起，最终赶走了外敌，赢回了王国。当他再次返回王宫，所做的第一件事便是将“这也会过去”这句五字箴言镌刻在象征王位的宝座上。

后来，他被誉为最有智慧的国王而名垂青史。据说在临终之际，他特意留下遗嘱：死后双手空空地露出灵柩之外，以此向世人昭示那句五字箴言。

失败都会过去，昂首挺胸从头再来。

失败的感觉也许会让我们伤心、难过，甚至会让我们悲痛欲绝、刻骨铭心。但生活仍要继续，失败的阴影会随着时间的流逝而冲淡。所以，不要太过在意，失败不可怕，可怕的是没有从头再来的信心和勇气。从现在开始，放空自己，昂首挺胸从头再来。

成功都会过去，谦虚谨慎勇往直前。

成功所带来的幸福和喜悦也许会让我们永远珍藏于内心深处，不时回想和咀嚼，那份美好与惬意依然如初。成功固然可喜，却不可过于沉湎其中。否则，你会因得意忘形而失去继续战斗的毅力，太过幸福的感觉会毫不留情地摧毁你的意志。所以，面对成功，戒骄戒躁，一切都会过去，不继续赶路就发现不了前方更多的美好。你唯一要做的，就是谦虚谨慎勇往直前，开拓出属于自己的另一片天空。

一切都会过去，拥有平常心态。

真正的成功要学会一切都会过去，不因偶尔的失败而痛苦倒地，也不因暂时的成功沾沾自喜，忘却眼前的一切，随着时间的脚步踏上下一段人生的征程。人生没有最终的失败与成功，只有始终赶路的脚步。无论你经历过什么，伤心也好，痛苦也罢，一切的一切都会过去，都会成为一段历史。所以，我们要拥有一颗平常心，看淡身边的一切，过好眼前的生活，永远活在当下。

纷繁俗世，有的人会说：“一切发生的事情都会让我铭记，都不会过去！”此话乍听有一番道理：经历过失败的人，总会被失败之剑刺得阵阵疼痛，刻骨铭心难以释怀；收获过成功的人，常会因成功所带来的美好，而甜蜜在心时常忆起。其实，无论我们经历过成功还是失败、幸福还是痛苦，所发生的一切都会随时间的流逝成为过往，没有人可以阻止历史的车轮滚滚向前。所以，没有永远的失败，也没有永远的成功，宇宙中的一切都会被时间带走，我们唯一能控制和改变的则是自己的内心——保持一份恬淡的心境，看庭前花开花落，望天外云卷云舒，不以物喜不以己悲。

人生就像波浪，有起有落有高有低，然而最终一切都会过去。

在挫折中取得成功

有学员问我：“杨老师，人生是一出无法彩排的舞台剧，剧情无法演练，角色也无法更替。也就是说，我们只能尽自己最大的努力过自己想要的人生，却未必都能实现，对吗？”我说“对！”还有学员对我说：“杨老师，也许您做什么事都是一帆风顺的，所以才会有今天的成就。”对此我表示否定。

其实，每个人在追求成功的奋斗之路上都不会是一帆风顺的。想一想泰坦尼克那样的超级豪华巨轮都会因意外撞上冰山而沉没海底，人生的漫漫长路又怎会一切顺利呢？这就好比“家家都有本难念的经”一样，每个人都有属于自己的烦恼和苦难，只是具体情况各有各的不同罢了。

关于克服困难取得成功的案例很多，我也常在培训课上和学员们分享，希望大家能从中获得感悟与启迪。

司马迁42岁才开始撰写《史记》，到60岁才最终完成，历时18年的勤奋与刻苦。如果把他20岁后开始收集各种史料、实地采访等工作都加在一起的话，这部《史记》可谓花费了他整整40年的光阴与心血。难道还能说成功是一帆风顺、轻易可得的吗？

晋代著名大书法家王献之春夏秋冬、寒来暑往，无论多么艰苦的环境，他都坚持练字。因为成为书法宗师的远大理想在他的心中生根发芽了，为实现这一目标他不怕吃苦，最终成为一代书法大师。

李时珍的成功之路也并非一帆风顺，他花了31年的时间，读了800多种书籍，写了上千万字的笔记，游历各地，收集了成千上万个单方。为了解草药的解毒效果，他甚至冒着生命危险自己吞服了一些剧毒的药物。经过千百次的实践和失败，他才终于写成了中国医药学的辉煌巨著——《本草纲目》。

英国生物学家达尔文研究进化论，花了22年的时间才写出《物种起源》一书。法国著名物理学家居里夫人，历经12年的实验，历经无数挫折和失败，才从几十吨的矿物中提取出几克镭……

古往今来，努力勤奋与克服挫折是人们取得成功的必要前提，也是我们每个人都应该具备的良好品格。唯有踏实、勤奋、刻苦、勇于尝试和坚持目标，才能创造一个人的成功与辉煌。

因此，成功并不是一帆风顺的。那么，我们应当怎样去面对并克服成功之路上的种种阻碍呢?

坦然面对成功路上的挫折与失败

没有人能随随便便成功，碰到挫折与失败是再平常不过的事情。我们应该做的是摆正自己的心态，以一颗平常心去面对。当碰到困难和挫折时，我们甚至应该感到庆幸。因为正是它们的出现历练了我们的身心，让我们变得更加强大，让我们从困难中获得了不一样的思考，或许还会发现一个更加强大和坚不可摧的自己。

永远不要被成功之路上的困难吓倒，不要让眼前的乌云遮住了你的双眼。它们只是代表成功来考验和试探你，每一次走过荆棘你都会发现，自己的实力又增强了几分。就像《西游记》中的孙悟空，历经九九八十一难才最终取得真经，这样的成功来得不是更有自豪感和成就感吗?

具备坚定的信念，多一些思考，少一些埋怨

信念虽然无形，却是一种非常重要的心理暗示。积极的心理暗示可以帮助我们更容易获得成功，而消极的心理和态度却非常不利于事物的发展，甚至还会为成功的实现带来阻扰与障碍。成功之路上除了踏踏实实、一步一个脚印的努力付出之外，还有非常重要的一点便是要学会分析和思考，要对自己走过的路、办过的事，定期进行分析和比对。以便了解做得是否正确，还有哪些地方需要改进。

过分的埋怨与抵触情绪也不利于事物的正向发展，埋怨在一定程度上可以舒缓压力、释放不良情绪，从而让自己获得短暂的释放与轻松。但是，任何事情都有一个度，超过这个度事物就会向相反的方向发展。如果过多埋怨，不良情绪便会主导你的思想，让你逐渐失去理智及正向思维，从而做出错误的判断，人也变得更加消极和懈怠。所以想要获得成功，一定要具备坚定的信念，同时还要多一些思考，少一些埋怨。

明确自己的奋斗目标，随时进行心理和方案的调整

在前面的章节，我们曾讲到过目标管理，即确定目标并按目标逐步推进的重要性。每个人都不是全能手，不可能在每个方面都做到尽善尽美，并取得成功。因此在决定努力之

前，一定要先明确自己的目标，目标的确定应出于个人的兴趣与专长，并与未来的发展和对个人及社会的影响相关联。这样的目标才更容易实现，也更有意义。目标确定后便是实施，值得注意的一点是：周围的环境是随时变化的，在向目标靠近的过程中，要根据实际情况进行心理与方案的适当调整，才更有利于事物的发展。

成功的获得绝不是一帆风顺的，也没有任何捷径可走。唯一可以让你靠近成功的方法，只有坚持目标、脚踏实地与不断进取。不必羡慕别人的成功，不必仰慕别人的成果，也许你只是看到了成功者展示在人前的充满荣耀的一面，却无法看到他们为实现理想而付出努力的艰辛一面。从现在开始，将你的成功目标照进现实之中，不要在蹉跎岁月中浪费光阴。人生短短几十年，活就要活出精彩，活出价值，活出美好的未来！

Story 故事驿站

不管怎样，你还是要成功

追寻成功的路途上总会碰到各种各样的困难，有的困难让我们有所历练，有的困难让我们有所成长，有的困难让我们痛不欲生。但无论怎样，生活仍要继续，理想就在前方，困难既然无法避免，就要冷静面对、逐个击破。

请相信，无论在什么情况下，任何困难都是可以克服的。不要着急，也不要幻想可以一口气将所有困难打败。这样的想法只会让事情的发展适得其反。坚持一点一滴、循序渐进、稳扎稳打，无论是受到不公的待遇，还是他人的排挤，或是严酷的质疑，都要保持冷静，坚定自己的信心，一如既往地坚持下去。就像特蕾莎修女那样永不放弃，将世界上最平凡也最博大的爱播撒到各个角落。

特蕾莎修女是世界著名的慈善家，印度天主教仁爱传教修女会创始人，在世界范围内建立了庞大的慈善机构网，赢得了国际社会的广泛尊敬和赞誉。她出生在前南斯拉夫，成为修女后，来到世界上以贫民窟多且脏而闻名的、被印度总理尼赫鲁称为“恶梦之城”的加尔各答，走进最艰苦的贫民窟，来到贫困者中间，给予它们帮助。

在那里，她开办了一所学校——圣玛利亚中学，让当地较大的孩子能够受到正规教育。她从美国医疗遣使修女那里学习和掌握了基本的医学常识，然后走到患病者的家中为他们治疗。她无数次握住在街头快要死去的穷人的手，带给他们临终前最后一丝温暖和祝福，让他们含着微笑离开这个悲惨的世界。她亲吻那些艾滋病患者的脸庞，四处为他们筹集医疗资金。她给柬埔寨内战中被炸掉双腿的难民们送去轮椅，也给他们送去生活的希望……

从1952年开始，德蕾莎修女在加尔各答的街头寻找垂死者，她和她修道院的修女们，把爱心和慰藉带给了400万被弃街头的人。她说：“我们所做的不过是汪洋中的一滴水。让我们记住这一点，没有人不需要关爱，我们要一直以微笑相见，尤其是在很难微笑起来的时候，更需要坚持微笑。”

她在1979年获诺贝尔和平奖。诺贝尔奖领奖台上的演讲，大多都是热烈、激情、文采飞扬的，而特雷莎修女的演讲却朴实无华，在平凡中所蕴含的爱却感人至深：

穷人是非常了不起的人。一天晚上，我们外出，从街上带回了四个人，其中一个生命岌岌可危。于是我告诉修女们说：“你们照料其他三个，这个濒危的人就由我来照顾。”我为她做了我所能做的一切。我将她放在床上，看到她的脸上露出美丽的微笑。她握着我的手只说了句“谢谢您”就死了。我不禁在她面前审视起自己的良知来。我问自己，如果我是她的话，会说些什么呢？答案很简单，我会尽量引起旁人对我的关注，我会说我饥饿难忍、冷得发抖、奄奄一息、痛苦不堪，诸如此类的话。但是她给我的却更多更多——她给了我她的感激之情。她死时脸上仍带着微笑。

我们从排水道带回的那个男子也是如此。当时，他几乎全身都快被虫子吃掉了，我们把他带回了家。“在街上，我一直像个动物一样活着，但我将像个天使一样死去，有人爱有人关心。”真是太好了，我看到了他的伟大之处，他竟能说出那样的话。他那样死去，不责怪任何人，不诅咒任何人，无欲无求，像天使一样——这便是我们人民的伟大之所在。因此，我们相信耶稣所说的话：我饥肠辘辘，我衣不蔽体，我无家可归，我不为人所要，不为人所爱，也不为人所关心，然而你却为我做了这一切。

我想，我们算不上真正的社会工作者。在人们的眼中，或许我们是在做社会工作，但实际上，我们真的只是世上的修行者。因为，一天24小时，我们都在触摸基督的圣体。我想，在我们的大家庭里，我们不需要枪支和炮弹来破坏和平或带来和平，我们只需要团结起来，彼此相爱，将和平、欢乐及每一个家庭成员灵魂的活力都带回世界。这样，我们就能战胜世界上现存的一切邪恶。

我准备以我所获得的诺贝尔和平奖奖金，为那些无家可归的人们建立自己的家园。因为我相信，爱源自家庭，如果我们能为穷人建立家园，我想爱便会传播得更广。而且，我们将通过这种宽容博大的爱带来和平，成为穷人的福音。首先为我们自己家里的穷人，其次为我们国家，为全世界的穷人。

为了做到这一点，姐妹们，我们的生活必须与祷告紧紧相连，必须同基督结为一体才能互相体谅、共同分享，因为同基督结合一体就意味着互相体谅、共同分享。因为，今天的世界上仍有如此多的苦难存在……当我从街上带回一个饥肠辘辘的人时，给他一盘饭、一片面包，我就能使他心满意足了，我就能驱除他的饥饿。

但是，如果一个人露宿街头，感到不为人所要，不为人所爱，惶恐不安，被社会抛弃——这样的贫困让人心痛，如此令人无法忍受。因此，让我们总是微笑相见，微笑是爱的开端，一旦开始彼此自然地相爱，我们就会想着为对方做点什么了。

1997年9月，特蕾莎修女去世，葬于加尔各答。当她去世时，印度政府为她举行了国葬，总理亲自为她下跪，全国哀悼两天。成千上万的人冒着倾盆大雨走上街头，流着泪为她送行。

在特蕾莎修女身上，我们看到了爱的力量，也看到了人性的光辉。人的一生有太多的痛苦、太多的悲伤、太多的不如意、太多的辛酸坎坷，但无论如何，只要我们坚信心中的梦想和目标，坚信艰难和困苦都将过去，坚信美好的未来一定会来临，坚守内心的那份爱、那份承诺，不为外界所干扰，坚持行动，所有的美好和幸福必将一步步到来！

下面是特蕾莎修女的名言，让我们一起从中体会她无私的爱、善良和仁慈，以及对使命的无怨无悔和对梦想的执著追求：

人们经常是不讲道理的、没有逻辑的和以自我为中心的。

不管怎样，你要原谅他们。

即使你仁慈，人们可能还是会说你自私和动机不良。

不管怎样，你还是要仁慈。

如果你功成名就，你会得到一些虚假的朋友和一些真实的敌人。

不管怎样，你还是要成功。

如果你是诚实和率直的，可能会有人会欺骗你。

不管怎样，你还是要诚实和率直。

你多年来营造的东西，有人可能会在一夜之间把它摧毁。

不管怎样，你还是要去营造。

如果你找到了平静和幸福，有人可能会嫉妒。

不管怎样，你还是要快乐。

你今天做的善事，人们往往明天就会忘记。

不管怎样，你还是要做善事。

即使把你最好的东西给了这个世界，也许仍远远不够。

不管怎样，还是要把你最好的东西给这个世界！

Heart 心灵火花

成功从来没有真正意义上的一帆风顺，苦难和曲折总是如影随形。每一个信心满满、斗志昂扬走向成功之路上的人，总是会碰到这样那样的困难与阻碍。

突破阻碍，运用自己的智慧与困难斗智斗勇，努力找到痛苦的根源，揪出阻碍成功的“小鬼”。一次不行两次，两次不行三次，三次不行再来……直到将困难打得再也爬不起来为止。同时，善用“成功五问”让自己学会面对任何事情的时候都不纠结，聚焦目标，成功解决。

北美切罗基老人关于两匹狼的智慧，让我们看到了日常滋养的力量。无论成功与失败，请记住“这也会过去，一切都会过去。”并学会在挫折中体会成功，就像特蕾莎修女所说的——不管怎样，你还是要成功。

Step 6

[建立教练思考模式]

揭开教练模式的面纱

究竟什么是教练思考模式？传统的思考模式是聚焦问题，关注的是现状、是问题、是为什么；而教练思考模式是聚焦目标和方法，关注的是未来、是方法、是做什么。

在行进过程中遇到了障碍，传统思考模式会问：

怎么回事？

为什么这么多障碍？

谁设置的障碍？

追究谁的责任？

聚焦问题，于是一场斗争开始了！在斗争的过程中，浪费了大量时间和精力，却未必能达到目标。

当遇到障碍，教练思考模式则会问：

我们想要去哪里？

目标的重要性有多大？

既然目标那么重要，为了达成目标，即使有这样的障碍，我们仍可以去做的是什么？

这些问题都至少有三个以上的解决方案。教练式的问题一旦问出来，思路会如泉涌一般：可以铲平障碍，可以踩过去，可以绕着走……聚焦目标和方法，于是再大的障碍、再难的困境，我们依然可以找到内在的力量去面对，找到当下可行的方法去解决。

先成为，后拥有

曾经有一个学员向我倾诉自己的苦恼，下面是我和她之间的对话：

米拉：我发现我连做梦都有孩子缘，今天我还和同学说起这事。我确实很喜欢孩子，也愿意和孩子们在一起。我们同学都说："你是一个孩子王，和孩子在一起就忘了烦恼，你干脆开家幼儿园吧！"这挺不可思议的吧？

我：说不定还真行。一个人，做自己喜欢和擅长的事，才能有灵感，才能走向卓越。

米拉：我别误人子弟了！

我：这是负面暗示，你为什么会误人子弟呢？

米拉：因为我觉得自己不够好，一个老师要想教育好孩子，首先自己要有一瓶水，才能够给孩子一杯水。

我：觉得自己不够好，正是很多人成功的最大障碍。人的富有首先是心态上的，当觉得自己是有能力的时候，便有勇气迎接挑战，即使一开始没有那么好，只要相信自己愿意尝试，能力也会越来越高。因为人的能力，都是在不断面对问题和解决问题的过程中锻炼出来的。而当认为自己不够好、能力不够强的时候，便不愿尝试不敢尝试，于是自己永远也不可能更好。

成功者与平庸者最大的差别，往往在于思考模式。

传统思考模式——先拥有，后成为；

教练思考模式——先成为，后拥有。

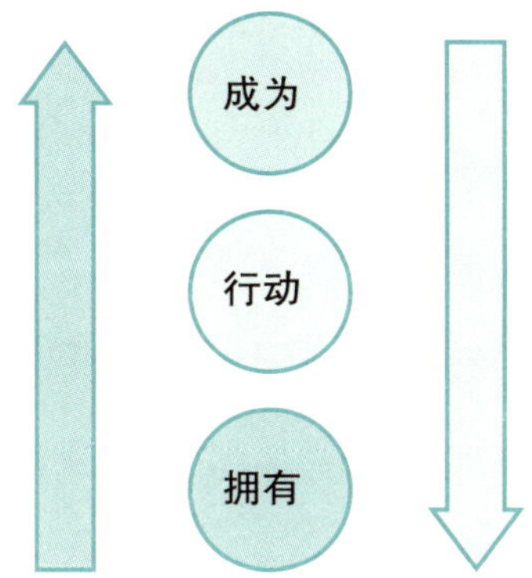

先拥有后成为的思考路径是：如果我有了钱，我一定会孝敬父母，一定会对朋友大方，一定会舍得花钱学习提升，

一定会出去旅游增长见识……如果我当了领导，我会站到全局的角度看问题；如果我有了能力，我会做什么事情……

而先成为后拥有的思考模式是：不管我现在的状况如何，我相信自己一定可以！我愿意在我的能力范围内去做力所能及的事情，甚至会做一些稍微超过我能力的事，但决不会等一切都有把握了才去尝试。在我能承受的范围内，我愿意去为自己的选择承担风险。遇到问题，我不会退缩，我愿意直面挑战，愿意为达成想要的目标而不懈努力。于是，我的能力在不断提升，我的人生开始一天一天好起来，我每天都有机会做自己喜欢和擅长的事，我的事业成了生命的一部分。

成功使者重要理念：

不是因为你有能力了，才敢于承担；

而是因为你敢于承担了，才有能力。

米拉：您所说的传统思考模式和教练思考模式，具体有哪些区别呢？

我：传统思考模式是，我有一瓶水才能倒给别人一杯；教练思考模式是，我即使没有水也可以支持你，让你学会自己去找到水。这就是“弟子不必不如师，师不必贤于弟子”，也是教练思考模式的写照。所以，教练思考模式是一场思维的革命，它颠覆了传统的领导观念、教育观念，甚至为人处事观念。教练思考模式，让老师可以培养出更多超越自己的弟子；教练思考模式，让领导可以培养出大批能干得力的下属，从而自己每周只需工作三小时；教练思考模式，让每个人可以探索人生、发现自己，活出自己怒放的生命。教练思考模式是：只要开始，永远不晚；只要相信，就有可能！

米拉：杨老师，您说得太好了！听您的几句教诲，我如醍醐灌顶，受益匪浅。以前的我总缺乏自信，认为自己很多事情都做不好，其实是我都还没有做就给自己判了死刑。尤其是明明很擅长的事情，家人朋友都说我会做得更好，可我却偏偏要打击自己，认为自己小打小闹也许还行，做大做强就未必可以了。您的话让我明白了，很多事情其实自己是可以做的，甚至可以做得非常棒。而且，很多事情不一定要有足够的能力了再做，一定要从现在就开始着手，只要尽了自己最大的努力，总会产生积极的影响和良好的结果。

传统思考模式总会用各种办法牵制我们的生活，而教练思考模式则会帮助我们重建信心，开启全新的生活。

一切都是最好的安排

成功使者的“团队成长训练”课程上经常会讲一个故事：

从前有一个国王有两个爱好，一是喜欢打猎，二是喜欢和老宰相一起微服私访。老宰相最喜欢说的一句话就是“一切都是最好的安排”。

有一次，国王兴高采烈地到大草原打猎，声势浩荡。国王骑在马上，威风凛凛地追逐一头花豹，国王弯弓搭箭瞄准花豹，嗖的一声，花豹倒在了地上。国王很开心，看花豹躺在地上许久都没动静，一时失去了戒心，在随从尚未赶到时就下马检视花豹。没想到，花豹突然跳起来向国王扑来。国王一愣，本能地闪了一下，心想：“完了！”幸好随从及时赶上，发箭射入花豹的咽喉，花豹才跌在地上，真的死了。国王这时才发现自己的小指头被花豹咬掉半截，血流不止，随行的御医立刻上前包扎。虽然伤势不算严重，但国王已兴致全无，本想找人来责骂一番，可想想这次只能怪自己冒失，还能怪谁呢？所以，就和大伙儿一起闷闷不乐地回宫去了。

回宫以后，人们纷纷前来安慰国王，没想到老宰相竟然说：“一切都是最好的安排。”国王一听十分愤怒，说：“如果寡人把你关进监狱，这也是最好的安排？”宰相微笑说：“如果是这样，我也深信这是最好的安排。”国王更生气了，说：“如果寡人吩咐侍卫把你拖出去砍了，这也是最好的安排？”宰相依然微笑，说：“如果是这样，我也深信这是最好的安排。”国王勃然大怒，对侍卫说：“你们马上把宰相拖出去斩了！”人们纷纷跪地求情，国王此时也

有点后悔，便说：“先关入大牢！”

过了一段时间，国王养好了伤，打算像以前一样找宰相一块儿微服私访，可想到是自己亲口下令把他关入监狱的，一时也放不下面子释放宰相，就带着其他随从出发了。走着走着，来到一处偏远的山林，忽然从山上冲下一队脸上涂着油彩的野人，三两下就把他们五花大绑带回山上。他大声说：“我是这里的国王，放了我，我就赏赐你们。”可是这些野人，根本听不懂他的话。

国王和随从们被带到一口比人还高的大锅前，柴火正熊熊燃烧，水已经沸腾。原来今天是满月，野人们脱光国王一行人的衣服，要用他们来祭祀月亮女神。随从们一个个被扔到锅里，惨不忍睹。眼看要轮到国王了，他也吓得浑身发抖。就在国王要被推下锅的一瞬间，突然听到部落首领大喝一声，让人们停下来了。部落首领来到国王面前，围着他转了一圈后，仔细看了一下他残缺的手指，然后对身边的人嘟囔了几句。这些人就给国王松了绑，并恶狠狠地朝国王的屁股上踢了一脚。国王落荒而逃，飞奔回了宫。

询问朝里的老人才明白，原来当地野人祭祀月亮女神必须要用身体完整的人，用身体有残缺的人是对女神最大的不敬。

国王大难不死十分高兴，大赦天下并在御花园设宴。被释放的老宰相也来了，颤颤巍巍地说：“一切都是最好的安排。”国王说：“爱卿啊，你说得一点也没错！果然，一切都是最好的安排！如果不是被花豹咬一口，我今天连命都没了。”国王忽然又问宰相：“寡人逃过一死，固然是‘一切都是最好的安排’，可你因为说了一句话就蹲了一个多月监狱，这难道也是最好的安排吗？”

宰相说：“大王，您将我关在监狱里，恰恰是最好的安排。您想想看，如果我不是在监狱里，那陪伴您微服私巡的人，不是我还会有谁呢？所以，我要为您将我关进监狱而向您敬酒，您也救了我一命啊！”国王恍然大悟，说：“是啊，一切都是最好的安排！”

人生并不一定每件事都如意，当不如意的状况发生时，“一切都是最好的安排”的思考模式会让你接纳当下、心境平和，不会陷入不良情绪之中，被蒙蔽了双眼，从而能更有智慧地去思考，并将问题处理得更好。

每个人都是OK的

有人说：“杨老师，我是个比较懒的人，可能我这样的人就注定不会有什么成就……”

我说：“我也是比较懒的人，从小就懒，但后来才发现之所以会懒，是还没有找到自己真正想要做的事情。找到了，就不懒了。”

比如，在我们整个大家庭里，我从小就是最懒的。

我的懒表现为：

1. 不愿意干活。

2. 不写作业，也不写作文。

3. 早晨不愿意起床。

……

但如果让我下棋，我可以不吃饭、不睡觉，甚至可以在被窝里打着手电筒看棋谱；我平时很晚起床，但如果让我去打羽毛球，我早晨5点就能起来；现在是为了打高尔夫，早上四五点钟也能起来。所以，这世上没有懒人，只有没找到自己真正喜欢做的事情的人。

小时候，我爷爷说我：“这孩子这么懒，长大以后能有饭吃吗?”我奶奶说：“懒人有懒命。”

事实证明，我长大了以后，虽然很懒，但也能吃上饭；虽然经常晚睡晚起，但从来没耽误过事，有重要任务时也从未掉过链子。

这其中最重要的原因，就是因为我规划清楚了自己的人生，选择做自己喜欢并擅长的事情，找到了自己一生中必做的八件事。而且，每一件事都是自己真正想做的，而不是做给别人看的。所以，我不懒了，充满动力，一天当八天，用心实现着自己的八件事，用心地经营着自己的精彩人生。

我要说的是，每个人都是OK的！这个世界上没有懒蛋，所谓懒蛋就是那些没有清晰规划出自己人生，没有机会做自己喜欢和擅长的事情的人。

Story
故事驿站

永远和自己比

2012年6月1日，我参加“奥迪Quattro杯”高尔夫全国巡回赛，获得了分赛站的冠军，并进入在三亚举办的中国区总决赛，这是我的人生第一次！这次冠军的获得，可以说出乎意料，也可以说是偶然中的必然。在这一过程中，我也获得了许多感悟：

1. 遇到问题，不放弃不抱怨，努力想办法，才会创造可能性。

这次比赛，一开场就不顺，比赛是两个人合作打一个球，而名单上我和我的搭档张建军被拆分到了不同的组。我们找到工作人员查询，说是报名时球场工作人员弄错了，但按奥迪的比赛规则，现在也不能改了，如果改了成绩将视为无效。面对这种情况，我们没有抱怨、没有放弃，而是努力想办法、努力和主办方沟通。告诉他们，换了搭档彼此不熟悉，很难配合比赛。另外，不能因为他们工作人员的失误而让我们承担后果。经过反复沟通，最终达到预期的结果，我和张建军一组，而且可以计算成绩。这为获得冠军提供了必要条件。

在平时的工作和生活中也是一样，出现了问题，指责与抱怨往往于事无补，轻言放弃更不可能成功，只有努力争取并积极想办法，才会创造更多可能性。只为成功找方法，不为失败找借口！

2. 敢于亮剑，狭路相逢勇者胜。

参加比赛的人很多，来自不同的区域，其中不乏高手。如果按技术来讲，我们获得冠军的希望非常渺茫。但我们没有退缩，也没有犹豫，而是敢打敢拼、死死盯住，为最后的胜利创造了可能性。

工作和生活中也是一样，许多问题，看似很难，实则简单。如果想都不敢想，做都不敢做，又怎知会不会成功呢？

3. 团队合作，发挥每个人的长处。

我和搭档的打球水平都不是最高的，打球也都有短板，我的短板是开球距离太短，而他的短板是球道上中长距离进攻不稳定；但我们也有长板，他的长板是一号木开球距离远，而我的长板是球道上中长距离进攻很有把握。最终，经过我们的高效配合，创造了很多奇迹，甚至在人们公认最难打的距离很长的“魔鬼洞”我们都打出了非常出色的成绩。这也成为我们最后取胜的关键因素之一。

这就像我们平时的团队合作，不要和每个人的缺陷较劲，而是努力发挥每个人的长处，团队才能真正卓越。

4. 打坏了也不要气馁，用心打好每一杆，就像是人生，活在每一个当下。

比赛过程中，我们曾出现过几次严重的失误，按正常来讲，获得冠军已经是几乎不可能了。但我们没有气馁，也没有放弃，仍认真对待每一洞、每一杆，打出了当下能做到的最好成绩，为最终的冠军奠定了基础。

这就像是人生，不管成功或失败，都要学会放下过去、面向未来、享受现在，活在每一个当下。

5. 能力很重要，努力很重要，运气也很重要，但运气常常垂青有准备的人。

谁是有准备的人？就是做到了前面四条的人。

然而，故事还没有结束。

由于取得冠军的幸福来得太突然，此后一周我都一直沉浸在成功的喜悦之中，感觉自己的打球水平真是有了一个飞跃，自信满满，不要说十月份的全国总决赛，就是接下来在南非举办的全球锦标赛，只要和我的搭档发挥好了，依然有望夺冠!

亲爱的朋友，你是否也曾有过类似的经历？一次成功，一次幸运，让自己心花怒放、信心爆棚，在一段时间内感觉自己真的成了高手，感觉一切都在掌控之中。

带着这种傲视群雄的感觉，一周以后，我又参加了一场友谊赛。第一洞发挥出色，让我更有信心了。但从第二洞开始，就杆杆不顺、洞洞不顺：可上球道可进长草的球，进长草了；可下水可不下水的球，下水了；很近的距离，眼看就要到洞边的球竟然打出了界；在沙坑里，球没打出来；不远的推杆，球从洞里转了一圈最终却出来了，而再往回推还是没进……点儿背的时候，真是喝口凉水都塞牙。最后，我竟然打出了一年以来的最差成绩。前一刻还是幸福，后一刻便是失望，我仿佛一下从温暖的春天掉进了冰冷的寒冬，变化来得也太突然了!

其实，人生也是如此，成功了不要得意忘形，不要迷信自己的能力，也不要迷恋自己头上的光环。即使成功了，你仍是之前那个你。成功不代表你一定聪明、能干，也不代表你一定比别人强多少，很多时候成功源于命运、源于机会、源于许多贵人的扶持。所以，成功了，要怀着一颗平静的心、一颗敬畏的心、一颗感恩的心，感谢天意、感谢命运、感谢贵人、回报社会……失败了，也不要气馁。高峰不是人生的全部，低谷也不是，有喜有忧、有笑有泪，才是人生。

友谊赛之后，我持续低迷，一直无法进入最佳状态。二十多天后，我又参加了“别克杯”高尔夫比赛，本来状态低迷，却意想不到地实现了新的突破——打出了自己有史以来最好的成绩，比自己的历史最高纪录突破了两杆。这次的比赛，有几个对手的实力强大，发挥得也相当出色，我的球技和他们相比不仅稍有逊色，而且运气也远没有“奥迪杯”那么好。虽然我最终没有获得冠军，但也没有什么可遗憾的。因为我已经表现出了自己的最佳状态，发挥了自己的最高水平，做到了当下能做到的最好，所以我无怨无悔。

偶然间，我恍然大悟，高尔夫真的就像人生，身边永远都不会缺少实力强大的对手。而且，每个人的背景、成长环境、智力、体力……许多方面，都是不一样的。因此，有时即使你努力一生，可能也无法超越某些人。但这并没什么好沮丧的，更没必要难过，因为强中自有强中手，没有人可以真正打败天下所有对手。我们唯一可以做的，就是尽自己最大的努力去面对挑战，将自己当作比赛中唯一的对手，永远和自己比。

生命是属于自己的！别人的认可也许会有所帮助，但真正重要的是自己和自己比，不断超越自己、活出自己，达到自己的巅峰状态。今天比昨天进步一点点，明天比今天进步一点点，即使没有名次，即使别人不认可，也已经足够了。

所以，在人生的道路上，认准自己的方向，看清自己的跑道，奋勇向前、自我拼搏。只有超越了自己，才是人生最大的成功。

Heart 心灵火花

你会思考吗?

也许有人会觉得，这是一个多么愚蠢和没有意义的问题。因为我们每个人都有大脑和思维，当然都会思考。但那可不一定，好的思考习惯和方式是需要不断学习和培养的。当你具备了一种好的思考习惯，在应对任何问题时，你都会直击问题的死穴，直接将问题和矛盾的实质及重点挖掘出来，从而能对症下药，在最短的时间内将问题和障碍解决。

如果你还保有传统的思维习惯，那么你将依然停留在问题的本身，仍在原地画圈，却永远走不出圈外，看不到更美丽的风景。所以，为了我们的人生理想，为了让人生更有价值、更有意义，我们都应该学会创新的教练思考模式，让生命变得清澈透明，让思维和观点变得新颖和独特，让解决问题的角度变得与众不同，从而另辟蹊径、出奇制胜。

究竟什么样的思维算是创新独特的教练思考模式呢?

首先，在面对问题的时候，能够抛开问题的外在与表象，而聚集目标和方法，即能够深度地分析方法、挖掘问题的解决办法。问题既然出现了，目标只有一个，那就是如何在最短的时间里，在尽可能的范围内去解决掉，而不是互相指责、互相推诿，或者不断地重复问题本身，或者总将重点放到问题是谁制造的，以及为什么会出现问题等这些毫无意义的争论上。

其次，教练思考模式还反映在要行动及充分相信自己上。我们总是愿意许下各种承诺，总是认为一定要拥有了各种条件之后才能做某件事。其实做任何事，先行动才是最重要的，做永远大于说。

再次，人生并不一定每件事情都如意，当不如意的状况发生时，“一切都是最好的安排”的思考模式会让你接纳当下、心境平和，不会陷入不良情绪之中，被蒙蔽了双眼，从而更有智慧地去思考如何将问题处理得更好。

另外，教练思考模式还体现在要懂得“效果比道理更重要”。千万不可舍本逐末，道理的设定最终也是为了达到效果，如果效果不好，再好的道理、再漂亮的说法和再完美的表象都无济于事。因为效果没有达到，一切都是徒劳。

人是有无限潜力的，所以任何时候处于任何境地，都要充满自信，都要坚信：我可以，我没问题，每个人都是

OK的！虽然我们不够完美，但是我们善于接受自己的不完美，反而会展示出最完美的自己。自信，就是在面对困难和挑战的时候不屈服、不胆怯，相信自己的付出终究会换来回报，即使一切都从零开始也无所畏惧。

任何时候，只有相信自己，别人才会相信你。成功永远不会主动走向我们，但我们可以主动走向成功。困难总是存在的，谁也无法回避，重要的是你要学会去面对，学会努力突破障碍，时刻对自己充满信心，展示最完美的自己，成功就不会姗姗来迟而太晚与你相遇!

Step 7

[学会在团队中成长]

一群人可以走得更远

旅行家辛格和几位伙伴在穿越喜马拉雅大峡谷时，突遇暴风雪。在与风雪搏斗了很久之后，他们饥寒交迫、筋疲力尽，但仍没有放弃，相互鼓励，相互扶持，并不停运动着以维持各自微弱的体温。

就在这时，他们发现不远处有一个被雪埋没、已经昏迷的人。辛格和几个伙伴出于同情，想背上那个人同行。可是其中的一个伙伴说："我们现在走起来已经很吃力了，如果再带上一个人就会更慢，恐怕天黑前无法走出大峡谷。"最后因为达不成共识，那个伙伴撇下辛格和伙伴们独自前行了。

冰天雪地里，辛格和伙伴们轮流背着那个昏迷的人艰难前进。虽然很累很累，但他们始终坚持前行，并用体温逐渐温暖了那个昏迷的人。那个昏迷的人醒来后，与大家一起前行。走了许久，他们终于走出了山谷。然而，在离山口不远处，他们却发现那个独自前行的朋友冻死在雪地里。

一个人可以走得更快，但一群人可以走得更远。

我们在实现梦想的过程中，需要团队的鼓励、支持和帮助。在感觉累的时候，在感觉走不下去的时候，一个眼神、一个微笑、一声加油、一只温暖的手、一个坚实的臂膀，也许就能够给我们以勇气，给我们以力量，给我们以希望，帮我们战胜困难、继续前行。

释迦牟尼曾问弟子："一滴水怎样才能不干涸？"弟子们面面相觑，没有一个人知道答案。释迦牟尼说："把它放到大海里。"

一滴水是微不足道的，如果单凭水滴自己的力量，可能很快就干涸了，甚至直到干涸的那一刻也见不到长江、黄河、湖泊及大海的模样。但如果将水滴放入大海，小小的水滴便能够焕发出大海般的力量。因为此时的它是汹涌澎湃的海水的一份子，可以送船入港，可以掀起巨浪，也可以淹没一切。小小的水滴也只有在海洋的怀抱中才能实现自己一生的梦想，证明自己的价值。

一个人再完美也只是一滴水，而一个优秀的团队才是大海。一个人的力量是微不足道的，无论你多么能干，当你应付方方面面的事情时，会消耗掉大量的聪明才智，让你无法聚焦在自己真正想要干的事情上。

在人生八件事的规划中，团队对于一个人至关重要。只有融入了团队，让自己成为团队的一员，才有机会最大限度地发挥自己的特长，实现自我的人生价值，成就一生的梦想。

那些影响你生命轨迹的人

有一个真实的故事：

1920年，在印度加尔各答附近的一个小山村，人们在打猎时打死了一只母狼，后来在狼窝里发现了两个小女孩。人们猜测，她们是在很小的时候走失后被狼发现，或是因为母狼失去狼崽后把她们叼来。其中，大的年龄约七八岁，人们给她取名为卡玛拉；小的只有两岁左右，取名为阿玛拉。

人们把她们送到了一个孤儿院抚养。不幸的是，阿玛拉第二年就死了，卡玛拉也只活到了1929年。孤儿院的院长J.E.辛格在他所写的《狼孩和野人》一书中记载了两个狼孩被重新教化为人的经过。

狼孩刚被发现时，生活习性与狼一样：用四肢行走；白天睡觉，晚上出来活动，怕火、怕光和怕水；只知道饿了找吃的,吃饱了就睡；不吃素食而要吃肉（不用手拿，放在地上用牙齿撕开吃）；不会讲话，每到午夜后像狼似的引颈长嚎。卡玛拉经过七年的教育，才掌握45个词，勉强学会几句话，开始朝人的生活习性迈进。她死时估计已有16岁左右，但其智力只相当于三四岁的孩子。

人类历史上还发现过豹孩、熊孩、猴孩等。这些小孩也都和狼孩一样，有着和抚育过他们的动物相同的生活习性。

狼孩的故事让我们看到，环境对人的影响多么巨大！

有人做过这样一个小测试，让大家每人拿出一张纸，写下和你相处时间最多的6个朋友，也可以说是与你关系最亲密的6个朋友，记下他们的月收入，然后算出他们月收入的平均数。这个平均值便能反映你个人月收入多少。

中国有句俗话："近朱者赤，近墨者黑。"美国人也有句谚语："和傻瓜生活，整天吃吃喝喝；和智者生活，时时勤于思考。"这两句话所说的其实是同一个道理：环境对人的影响力十分巨大，大到可以潜移默化地影响你的生命轨迹。你选择生活在哪里、工作在哪里，以及和谁在一起的确很重要，甚至可以改变你的一生，决定你人生的成败。

所以说，能走多远，在于你与谁同行。

李安，著名导演，享誉世界影坛，曾获奥斯卡金像奖和金球奖最佳导演奖，也曾担任威尼斯国际电影节评委会主席。

他的第一部作品《推手》便获得金马奖最佳导演等八个奖项的提名。2000年的《卧虎藏龙》荣获第73届奥斯卡最佳

外语片，成为迄今唯一获此殊荣的华语片，被美国《时代周刊》评为年度最佳影片、最佳导演，也是全球票房最高的华语片纪录保持者。2006年凭借《断背山》，他荣获第78届奥斯卡最佳导演，成为亚洲迄今唯一获此殊荣的导演。2013年的《少年派的奇幻漂流》，让他再次荣获第85届奥斯卡最佳导演。

李安不仅为华人影坛做出了巨大贡献，同时也架起了东西方文化沟通的桥梁。

李安在《有梦想的人才能举起奥斯卡》里写道：

1978年，当我准备报考美国伊利诺大学的戏剧电影系时，父亲十分反感，他给我列了一个数据：在美国百老汇，每年只有两百个角色，但却有五万人要争夺这少得可怜的角色。当时我一意孤行，决意登上了去美国的班机，父亲和我的关系从此恶化，近二十年间和我说的话不超过一百句！

但是，等我几年后从电影学院毕业，我终于明白了父亲的苦心所在。在美国电影界，一个没有任何背景的华人要想混出名堂来，谈何容易。从1983年起，我经过了六年多漫长而无望的等待，大多数时候都是帮剧组看看器材，做点剪辑助理、剧务之类的杂事。最痛苦的经历是，曾经拿着一个剧本，两个星期跑了三十多家公司，一次次面对别人的白眼和拒绝。

那时候，我已经将近三十岁了。古人说：三十而立。而我连自己的生活都还没法自立，怎么办？继续等待，还是就此放弃心中的电影梦？幸好，我的妻子给了我最及时的鼓励。

妻子是我的大学同学，但她是学生物学的，毕业后在当地一家小研究室做药物研究员，薪水少得可怜。那时候我们已经有了大儿子李涵，为了缓解内心的愧疚，我每天除了在家里读书、看电影、写剧本外，还包揽了所有家务，负责买菜做饭带孩子，将家里收拾得干干净净。还记得那时候，每天傍晚做完晚饭后，我就和儿子坐在门口，一边讲故事给他听，一边等待“英勇的猎人妈妈带着猎物（生活费）回家”。

这样的生活对一个男人来说，是很伤自尊心的。有段时间，岳父母让妻子给我一笔钱，让我拿去开个中餐馆，也好养家糊口，但好强的妻子拒绝了，把钱还给了老人家。我知道了这件事后，辗转反侧想了好几个晚上，终于下定决心：也许这辈子电影梦都离我太远了，还是面对现实吧。

后来，我去了小区大学，看了半天，最后心酸地报了一门计算机课。在那个生活压倒一切的年代里，似乎只有计算机可以在最短时间内让我有一技之长了。那几天我一直萎靡不振，妻子很快就发现了我的反常，细心的她发现了我包里的课程表。那晚，她一宿没和我说话。

第二天，去上班之前，她快上车了，突然，她站在台阶下转过身来，一字一句地告诉我：“安，要记得你心里的梦想。”

那一刻，我心里像突然起了一阵风，那些快要淹没在庸碌生活里的梦想，像那个早上的阳光，一直射进心底。妻子上车走了，我拿出包里的课程表，慢慢地撕成碎片，丢进了门口的垃圾桶。

后来，我的剧本得到基金会的赞助，我开始自己拿起了摄像机，再到后来，一些电影开始在国际上获奖。这个时候，妻子重提旧事，她才告诉我：“我一直就相信，人只要有一项长处就足够了，你的长处就是拍电影。学计算机的人那么多，又不差你李安一个，你要想拿到奥斯卡的小金人，就一定要保证心里有梦想。”

如今，我终于拿到了小金人。我觉得自己的忍耐、妻子的付出终于得到了回报，同时也让我更加坚定，一定要在电影这条路上一直走下去。

因为，我心里永远有一个关于电影的梦。

有梦的人生是幸运的，幸运的李安在追梦的过程中碰到了一位知他、惜他、助他的妻子。人们常说人生有三大幸运：上学时遇到一位好老师，工作时遇到一位好师傅，成家时遇到一个好伴侣。有时，他们的一言一行、一举一动，都会在潜移默化中对你的人生产生巨大的影响。事业如此，爱情、婚姻、家庭也是如此。

别给自己戴上“怀才不遇”的帽子

身为职场中人，常有人感叹：

为什么我的能力总不能发挥出来？

为什么升职、加薪的总是别人？

为什么我总遇不到识我、懂我的伯乐？

……

某次网络调查显示，在575位被调查的职场人中：有41%的人常常觉得自己怀才不遇；有34%的人偶尔觉得自己怀才不遇；只有25%的人从来不觉得自己怀才不遇。从这个调查可以看出，正在或曾经觉得自己“怀才不遇”的人加起来有75%。

那么，为什么会有这么多人感觉自己怀才不遇？又该如何让自己怀才有遇呢？

所谓的“怀才不遇”就是：胸怀才学但生不逢时，难以施展。也就是，有才能却遇不上赏识的人，没有施展才华的机会，不能实现自己的理想和抱负。比如“在同一个公司上班的两个人，我比他更加努力，有更好的业绩。为什么他升职了，我却没有？”这就是最典型的怀才不遇。

了解什么是“怀才不遇”后，就需要区分一下：你真的是怀才不遇吗？

很多在工作上没什么建树的人，总喜欢给自己戴上“怀才不遇”的帽子，既宣泄了郁闷的心情，又可以堂而皇之地推卸责任。事实上，有时你并不是怀才不遇，而是你的才能根本就没展示出来，又如何让别人去遇呢？当你的才能还处于蓄势待发期，只会有两种结果，要么厚积不发，要么厚积薄发。如果你是厚积不发的，“怀才不遇”根本无从谈起；如果是厚积薄发的，那只是时机未到。有一句很形象的关于人才的比喻：怀才就像怀孕，只要有，总会被看出来；如果没看出来，说明怀的还不够大。

所以说，没有真正的怀才不遇，只要是千里马总有被发现的一天。真正的有才能，即使当下没有被发现，也无法磨灭它的存在，是金子总会发光的。

那么，如何缩短“不遇”的时间，更快的怀才有遇呢？在此，为大家提供两个非常好用的小工具。

转换定义

自认“怀才不遇”的人，整天处在一种消极的工作态度中。一种不被重视的不公平感，使他们心中充满了不满、抱怨甚至愤怒。其实，有怀才不遇这个过程是很重要的。因为在这个过程中的表现，直接决定了你以后“遇”的时候，能够“遇”多大，能够“遇”多久。

怀才不遇是一种常态，每一个人都会经历。如何定义人生的这个阶段非常重要。假如你把这个阶段当作是对自我的必要修炼，你的内在感受就会发生奇妙的变化。孟子曰：故天将降大任于斯人也，必先苦其心志，劳其筋骨，饿其体肤，空乏其身，行拂乱其所为，所以动心忍性，曾益其所不能。当你以这样的定义来看待这段经历时，又会产生怎样的感觉呢？

问自己好的问题

在日常的工作和生活中，常问自己好的问题。因为问题决定答案。你来感受一下，分别问自己下面这两组问题，你的感受有何不同？

第一组：

我为什么这么倒霉？

我为什么总是得不到升职？

这件事为什么要追究我的责任？

第二组：

我想要的是什么？

怎样得到我想要的？

我可以做些什么，让结果变得更好？

从这件事情中，我可以学到什么？

接下来怎样做，可以让结果变得更好？

相信你已经有感觉了，好问题决定了好答案，好对话决定了好人生。

在团队中成就完美

被誉为“团队角色理论之父”的英国心理学博士梅雷迪思·贝尔宾认为：没有完美的个人，只有完美的团队。

如今的工作越来越复杂，靠一两个人往往很难完成，往往需要团队配合。如今，越来越多的公司把是否具有团队协作精神作为招聘员工的重要标准之一。工作能力强并具有团队协作精神的员工，是公司高薪留用的对象；而一个不肯合作的“独行客”，势必会遭到公司的淘汰。

有一个员工学历高、工作业绩突出，可工作能力比他差的人都得到了晋升，他却一直未被重用。原来，他做事喜欢独来独往，不能和同事很好地相处。当同事需要帮助时，他总是推三阻四，只要跟他关系不大的事，他一概不接。

但他不仅没意识到自己的问题，反而还认为是领导有眼无珠。终于有一天，领导决定辞退他。他不解地问：“领导，如果我离开公司，你难道一点都不会心痛吗？”领导说："失去一个有能力的人我当然心痛，但是如果因为留下你而影响了整个团队的士气，我宁愿让你离开。"

这位员工之所以没有得到重用，不是因为他没有能力，而是因为他不懂得为团队付出、不懂得与人配合、不能融入团队。现在的企业越来越重视团队的力量，当领导觉得某一个人会影响到整个团队时，即使那人的个人能力再突出，领导也只好忍痛割爱。领导真正喜欢的员工，不仅仅是工作能力强、态度积极，还有很重要的一点，就是能够与团队其他成员默契配合。

合作的重要性，在现代社会尤其是进入瞬息万变的信息时代以后，表现得越来越明显和充分了。时代需要英雄，更需要伟大的团队。一个人的智力再出众，能力再超群，也无法全面掌握爆炸的知识和迅速膨胀的信息，无法在每个方面都游刃有余。

金庸先生笔下的"大侠时代"已一去不复返了。一个人，单枪匹马，也许可以走得很快；但只有融入团队，和一群人优势互补，才能走得更远！

那么，如何在团队中寻求发展呢？要想在团队中获得发展，必须要遵守一些基本的理念。

一切都是自己的选择，在团队中就要全力以赴

当进入一个团队时，你本可以选择不在这里，而一旦选

择了在这里工作就要全力以赴。否则，不止浪费自己的时间和生命，还浪费公司资源，危害公司发展。一边吃饭一边骂娘的人，在团队中是不会有什么发展的。

做喜欢做的事是幸运，做应该做的事是格局

在团队中，很少有人能够一直做自己喜欢的事情。能够做自己喜欢的事情是一种幸运，而能够做好应该做的事情则是一种格局，是一个人有更大舞台和发展的前提。因为知识是学来的，能力是练出来的，格局是修出来的。

要想自己美梦成真，先让别人心想事成

老子说："天长地久。天地所以能长且久者，以其不自生，故能长生。是以圣人后其身而身先，外其身而身存。非以其无私邪？故能成其私。"意思是：天地是长久存在的。天地之所以能够长久存在，是因为它们的运行、存在不是为了自己，所以能够长久。因此，圣人把自己的利益摆在后面，结果自己反而会受益；（危险时）把自己的生命都置之度外，结果敌人伤害他的时候老百姓都来保护，从而能保全自己。不正因为他不自私吗？所以反倒成就了他自己。

在职场中，这个道理同样适用，不斤斤计较，遇事多为别人考虑，多为别人做些什么，不管是份内的还是份外的。这看起来是为别人付出，实际上你给予别人的也是给予自己的。

如果你希望交到真心，就要先对别人真心；

如果你希望得到快乐，那就去带给别人快乐；

你若要得到爱，就先付出爱；

你若要被人关心，就要先去关心别人；

你若要别人对你好，就要先对别人好。

这是一个有效的秘方，可以适用于任何情况。

当你带给别人欢乐，你也会得到欢乐；

当你带给别人贡献，别人也会给你贡献；

当你带给别人祝福，你就会得到别人的祝福；

当你经常赞美别人，你也会得到别人的赞美。

你所得到的，正是你应该得到的！

你让他人经历什么，有一天你也将经历什么；

生活是一面镜子，不管你对别人做了什么，最终接收的人是你自己。

Story 故事驿站

让我感动不已的团队

我曾在汕头一个山清水秀的度假村，做了一个很有特色的培训。3名成功使者的老师——我、付述信老师、王小丹老师，以及来自一家服装企业核心团队的13名学员。准确地说，这不是一个培训，而是一个集培训、咨询、教练于一体的团队系统解决方案。

到了培训的第三天，场面异常激烈。为了打造品牌，成为行业的领航者，每个人畅所欲言，深入剖析影响企业发展的核心要素。当坦诚、直接、贡献的团队氛围被创造出来，效果真是超乎想象！

许多平时看似无法启齿、无法面对、无法解决的棘手问题，包括最关键岗位用人的问题、家族成员的微妙关系问题、股份改造的问题，都在这里一个一个浮出水面，并找到意想不到的解决方案。

尤其到了最后一天傍晚，整个气氛达到了高潮。当大家拥抱在一起的那一刻，几乎所有人都感动得热泪盈眶。人的潜能太大了，这哪像是十几个人的培训专场，能量简直像几十人甚至上百人的大会。晚上，大家如释重负，一起狂欢，歌声和笑声震撼着每个人的心。我能感受到，大家的心早已融合在一起，而这个团队的力量将更加强大！

单枪匹马、独创江湖的大侠年代一去不复返，团队作战已经成为社会的大趋势。团队的兴衰，与团队中的每一个人都密不可分。每一个人成功的背后，也都离不开团队的支持。而每一个团队的成功，也是全体成员齐心协力、共同奋斗的结果。

Heart
心灵火花

人生的道路总是充满各种各样的困难与艰险，一个人去闯荡必然势单力薄，所以你需要找寻同行的伙伴。但不是所有人都能成为与你同行的人，因为每个人都有自己的思想、认识、方向和速度。

你又如何保证你们可以默契搭档呢？你的伙伴一定要和你有一样的，至少是相通的发展目标与人生理想，有相似的爱好，有共同的语言，能够很好地沟通与交流，能够在碰到困难时互相扶持，能够有福同享、有难同当。最重要的是宽容、豁达，能容忍彼此的缺点和毛病。找到这样的盟友便是你的福气，相信你们一定可以共同创造奇迹！

要在团队中成就梦想，需有几个重要的理念：

1. 一个人可以走得很快，一群人可以走得很远。

2. 能走多远，在于你与谁同行。

3. 真正了解怀才不遇的根源，让自己成为怀才有遇的人。

4. 没有完美个人，只有完美团队，融入团队，成就自我。

个人英雄的时代早已远去，要在现如今的社会中获得成功，融入团队是你的不二法门。智者思考的是：要想有大的发展，自己能为团队做些什么？

Step 8

[抓住成功的机遇]

抓大放小的智慧

当我们规划好人生，找到人生中最重要的八件事并分解下去，在行动的过程中就会发现，每天都会有很多琐事缠身，让我们经常会没有时间和精力去做这些最重要的事。每天都忙得焦头烂额，却无法得到想要的结果。怎样处理这一问题呢？

战争时期，毛主席在这方面做得非常出色，他十分懂得聚焦目标、抓大放小的道理，才使得解放军在战场上取得了巨大胜利。西柏坡纪念馆展览中有一封1948年10月10日他亲自起草给林彪、罗荣桓、刘亚楼的电报：

（一）从你们开始攻击锦州之日起，一个时期内是你们战局紧张期间，望你们每两日或每三日以敌情（锦州守敌之抵抗能力，葫芦岛、锦西援敌和沈阳援敌之进度，长春敌军之动态）我情（攻城进度，攻城和阻援之伤亡程度）电告我们一次。

（二）这一时期的战局，很有可能如你们曾经说过的那样，发展成为极有利的形势，即不但能歼灭锦州守敌，而且能歼灭葫、锦援敌之一部，而且能歼灭长春逃敌之一部或大部。如果沈阳援敌进至大凌河以北地区，恰当你们业已攻克锦州，使你们有可能转移兵力将该敌加以包围的话，那就也可能歼灭沈阳援敌。这一切的关键是争取在一星期内外攻克锦州。

（三）按照我军攻击锦州的进度和东西两路援敌的进度，决定阻援部署的方法。如果沈阳援敌进得较慢（如果长春之敌在你们攻锦过程中突围，并被我十二纵等部抓住歼击，则沈阳援敌可能被麻痹，进得较慢，或停止不进，或回头救援长春之敌），葫、锦援敌进得较快，则你们应准备以总预备队加入四纵，十一纵方面歼灭该敌一部，首先停止该敌之前进。如果葫、锦援敌被我四纵、十一纵等部所箝制和阻止而进得很慢或停止不进，长春之敌没有突围，沈阳援敌进得较快，而锦州之敌业已大部被歼，全城已接近于攻克，则你们应使沈敌深入大凌河以北，以便及时转移兵力包围该敌，然后徐图歼击。

（四）你们的中心注意力必须放在锦州作战方面，求得尽可能迅速地攻克该城。即使一切其他目的都未达到，只要攻克了锦州，你们就有了主动权，就是一个伟大的胜利。前面所说各点，只是希望你们予以相当的注意。尤其在锦州作战的头几天内，东西援敌不会大动，你们要用全部精力注于锦州方面之作战。

当我们回头来看毛主席的这封作战电报，尤其是其中的第四条，“即使其他目的都未达到，只要攻占了锦州，你们就有了主动权，就是一个伟大的胜利”，历史证明，拿下锦州以后，整个东北战局发生了根本性的转变，解放军迅速控制了整个东北地区，从而为彻底打败国民党奠定了基础。

这虽然是在特定的历史时期起草的一封应对战争的电文，但是其中隐含的道理却值得我们当今所有人的学习和揣摩。

其实人生也是一样，很多人想要做的事情太多，让大量并不重要的事情耗费了自己的主要精力，以致无法聚焦在自己真正想要的、对自己人生影响巨大的事情上，因此一生忙忙碌碌却一事无成。

规划八件事，聚焦八件事，当真正找到并做到了自己的人生八件事，即使其他事情都没做到，也应该是相当有价值的一生了。

选择，就是学会放弃！

有舍方有得，小舍小得，大舍大得，不舍不得。懂得抓大放小，才是人生的大智慧。

不完美的行动胜过完美的等待

很多人有梦想、有规划，却迟迟不敢开始行动。

“二战”结束后，英国首相丘吉尔有一段时间在政治上受到打击，无事可做，终日抑郁。正好邻居是一位女画家，于是家人鼓励他向女画家学画来消磨时光。丘吉尔在政治舞台上敢作敢为、横冲直撞，但面对干净洁白的画布，他却迟迟不敢下笔。毕竟，这是一个重要的新开始。

你有没有过这样的经历？面临新的选择，总是迟迟不敢下定决心，你怕选择错误，怕承担不了你的选择所带来的后果。你还害怕一个不够完美的开始，因为你多么希望等到一切都完美的时候才开始啊！以至于你始终无法开始，很多的想法都成了没有开始的结束。

那天下午的丘吉尔就面对这样的一个不完美的开始，他死死盯着画布，发呆了十多分钟，还是不知道第一笔该从哪儿下手，因为他太想要一个完美的开始了。而那个女画家是个有智慧的人，她站在旁边看了很久，一言不发，然后拿起丘吉尔的颜料盒就向干净的画布甩去，将所有的颜料一股脑都泼到了画布上。画布瞬间变得乱七八糟，像一幅最差的油画。丘吉尔看到画布已经变成这样，反而一下子轻松了，

拿起笔在上面任意涂抹起来。这就是丘吉尔学画的第一个开始，虽然惨不忍睹，但丘吉尔的心门打开了。

从此，丘吉尔在画画上一发不可收，一边从政一边画画长达十余年，留下很多风格迥异、思维大胆的油画。更重要的是，丘吉尔开始恢复自信，在政治上重新崛起，再次找到了自己的位置。

在公司一次会议的灵感碰撞环节，一位新员工提出了自己的困惑：沟通很久的一个客户忽然出现问题，怎么办？大家纷纷给出不同的建议，有从战略上的，有从战术上的，回答一个接着一个，互相灵感碰撞。那一刻，俨然就是一个高品质的沟通实战课程。

在享受过智慧的快感之后，总结时，所有人都感谢抛出困惑的新员工。因为第一他是勇于行动的人；第二他敢于把不足呈现给别人。

敢于行动、敢于直面不足，不断提升自我。这样的思考和行为模式，也注定了他未来的成功。因为人做事可能会不成功，但无论成功与否，他都保证了自己的成长。假以时日，成就也就自然被他吸引过来。

尤其对于成长中的新人，不完美的行动胜过完美的等待！

在那次会议中，接下来发生的事情同样非常令人感动。

新员工解惑之后，提出一个建议：既然新人都可能会面临这类问题，能否有针对性地设计一套资料来培训新人。这个问题一提出，就得到了在场所有新人的一致赞同。按正常工作流程来说，该由培训部来落实这件事。让人感动的是，在场的各个部门都主动认领了资料和脚本的设计工作。

这件事情，通常可以按工作流程，等万事俱备了再落实到位。成功使者团队当时自发选择的方式却是：当下先行动起来。或许每个部门都做得不够完美，但做的过程其实就是团队再次学习和梳理的过程。在公司的运营中，有制度流程，更有属于人的灵活、机动和无限创意。在行动与完美之间，团队的付出与贡献精神、勇于实践的精神、智慧共享的精神已经先得到了。这种情况带有一定的普遍意义，它会发生在很多高速发展的公司当中。

从中，我们看到了行动的重要性。鼓励行动，不怕犯错误，不断学习、分享，个人和团队才能不断提升。

不完美的行动胜过完美的等待。因为等待完美的过程，常常让我们错失最佳的时机，更让我们有了不行动的借口。人永远不会在等待中成长，但人可以在不断的行动中快速成长起来。

所以说，人不是因为你有能力了，才勇于担当；而是因为你勇于担当了，才有能力。

说到就要做到

当我们规划出自己一生要做的八件事后，会充满激情地开始行动。在这一过程中，能真正成就自己，让激情持续不衰的，还有一个不可忽视的力量——承诺的力量。

承诺就是说出后一定要做到的，包括对自己和他人的承诺。如果只承诺而不去做，你的信誉就会逐渐消失。当你是一名领导者的时候，这一点尤为重要。刚开始你说“我们拥有一个什么样的目标”“我们要建立一个什么样的团队”，你喊的时候大家都很有激情，一心跟着你干。可你说完以后又不去做，或者你承诺了“我们占领这片市场以后，我可以让你得到什么”，达成以后你却又抱怨自己的状况困难，结果大家什么也没得到，只会让大家的激情消耗殆尽。这也是很多的团队激情难以保持长久的重要原因之一。假如我们真的有那种激情，并对自己做出了承诺，也给团队做出了承诺，那这个承诺就真的像山那么重，无论如何都要说到做到。

公元前4世纪，在意大利有一个人叫皮斯阿斯。他因为得罪了国王而被判了死刑。狱卒问他：“你在临死之前还有什么要求？”

皮斯阿斯说：“我只有一个要求，我想去看看我的老母亲，但我家离这儿很远很远，我的母亲年龄大了，无法来到这里，我只能前去看她。”“这怎么可能呢？”狱卒说，“你出去后要是不回来了怎么办？”后来，监狱长考虑到这是一个将死之人的请求，就说：“如果你能找个人替你在这儿坐牢，你就可以去看你的老母亲。如果你不回来，我们就将他执行死刑。”

监狱长认为这样肯定会把皮斯阿斯难倒。没想到皮斯阿斯说：“我有一个好朋友叫达蒙，他一定会替我坐监狱。”结果监狱长找到了达蒙，起初监狱长想，哪会有人愿意冒这个风险，就算找来也肯定不会替他坐这个牢，达蒙却说：“没问题，我替他坐监狱。”监狱长说：“他要是跑了回不来了，可就拿你是问，肯定会处决你。”达蒙说：“没问题。”于是，达蒙就在那儿坐监狱，皮斯阿斯回去看望他的老母亲了。

皮斯阿斯家很远，给他的期限是15天，如果15天以后他不回来，就会杀了达蒙。一晃14天过去了，皮斯阿斯还没回来，很多人跟达蒙说：“看到了吧，达蒙傻小子，你被骗了。”达蒙却说：“皮斯阿斯会回来的，他一定会回来的！”但很多人都在嘲笑他。结果到了15天，皮斯阿斯还没回来，这时候达蒙仍然很平静。其他人都说：“看，完了吧！”达蒙被押上法场，就在要行刑的那一刻，忽然听到远处有一个声音：“刀下留人，我回来了。”人们一看，全傻眼了，皮斯阿斯真的回来了！于是，两人被押了回去。

这件事被国王知道以后很受震撼，他说："我为我们国家有这样守诺、守信的臣民而感到骄傲。"之后下令无罪释放皮斯阿斯和达蒙。

这个故事背后的意义到底在哪里？它让我们认识到了承诺的力量。在现今的情况下，假如有更多人能像皮斯阿斯一样真正说到做到，这个社会将完全不同。

我曾经在课堂上问过学员们一个问题："是君子履行承诺，还是小人履行承诺？"他们回答说是君子。我问："小人履不履行承诺？"他们说小人不履行。我说，"错！君子履行承诺，小人也履行承诺。只是君子如果承诺了，不管这个承诺对自己有利没利都会去做；小人如果觉得这个承诺对自己很有利就会做得更有积极性，而如果他觉得对自己不利就会不做了。所以，这才是最大的差别。

关于承诺，我们真的还有巨大的提升空间。

有些老板会问这样一个问题。他规定了年底时，奖金按销售额的百分比提成。结果今年的市场做得很顺利，员工完成了非常好的业绩，按照他原来的制度可以得到一大笔奖金。但这个奖金已超出了老板的心理承受范围，同时可能也超出了其他同事的心理承受范围。老板出于一种不想给未来的工作制造更多麻烦的考虑，可能会私下与这个员工说："我们没想到今年市场会这么好，你一下子能提成几十万元，但公司从没有过这种先例。你能不能站在公司的角度考虑一下，我给你稍微少一点？”这种情况在很多企业里都时有发生，我们应怎么理解和评价？

其实，类似的问题在现实中的确存在着不少。在3G上市之前，有个北京人专门做3G产品。当时做3G产品很难，有一天他忽然找到我说：“杨老师，我特别痛苦！”我问他痛苦什么，他说：“我想离开这个公司，可又有点舍不得！毕竟在这儿干了这么多年，但我实在受不了，我真的想离开。”我问他为什么，他说：“我现在做的这个3G设备很难做。因为3G现在还没有拿到牌照，虽然也快了，但这个时候做点事情就会特别难，所以公司给我们出了一个政策，说谁卖出去后奖励销售额的3%。不过，大部分人都卖不出去多少，一般都是卖个几十万元挣点小钱。结果，我跟某个单位建立了比较好的关系，一下子就卖出去3000万元的设备。”

我问他：“那你怎么还愁眉苦脸？”他说：“3000万元的销售额，应该给我奖励90万元。虽然我辛辛苦苦好几年，在3G没上市之前终于拿到了这样一个大单，可别人都赔钱，就我一个人赚了钱，公司整体还是亏损的。于是，老板跟我说‘你做成这个单子确实很不容易，但公司现在整体是亏损的，也没法提成3%，要不就给你10000元钱算了。”他听后特别伤心，可怎么争取也没用，最终只好选择了离职。

从中我们可以看到，作为一个领导者，如果你说到不做到，谁还会愿意为你拼命？你可以不提3%，但你必须提前说明白了，1%总可以吧，哪怕你说0.1%也行。只要大家能接受，也愿意干就行。如果你做事不提前考虑周到，就盲目地许诺，许诺后又不兑现，一个这样的人真的不适合做领导，即使做一个普通员工，我都觉得不称职。

所以，这就有一个两难的问题，也是老板们容易在这个地方出问题的主要原因，就是在还没搞清楚情况的时候，就为实现目标做出一个天大的承诺。而当履行承诺时又无法完全兑现，反悔也来不及。领导者在这种情况下还有另一种选择：宁肯自己亏，也要在这件事情上，让员工树立起一种观念，认为老板说话是算数的。这样做的结果是，一次支付了90万元，尽管公司暂时亏损，却让所有的业务人员就树立了一个“跟着这样一个老板，即使让他拿出命去也要往前拼”的信念。那么，下个月可能公司就会扭亏为盈，再下个月可能就做出更大的业绩出来。这时，老板得到是人心。

但这位老板却像很多老板一样，选择了表面看起来对自己企业有利却极大伤害了员工的做法，实际上是得不偿失的。

这有一个重要的智慧就是：第一，承诺的时候千万不要随便承诺，想清楚了再承诺，因为它太沉重了；第二，一旦承诺了，我们就要想尽一切办法坚决兑现承诺。

《弟子规》上有句话说得特别好：事非宜，勿轻诺，苟轻诺，进退错。如果我们都按照这句话去执行，那么重承诺的风气就会在社会流行开来，不但企业能搞好，国家的前途也会更好！

每天进步一点点

日本企业在二战后快速崛起，许多品牌都成为世界领先的。其中一个很重要的因素，是来自一位美国质量管理大师戴明博士“每天进步一点点”的观念影响了许多日本的企业。

戴明博士提出“每天进步一点点”的观念后，找到了美国福特公司，希望他们能推行这套模式。然而，当时的福特汽车正如日中天、供不应求，根本听不进去。福特曾经的一句广告语是：“你可以订制任何颜色的汽车，只要它是黑色的。”通过这句全球最牛的广告语，就可见一斑。

第二次世界大战结束以后，日本企业为重振日本经济，邀请戴明博士到日本。戴明博士指出，产品品质不仅要符合标准还要无止境地每天进步一点点。当时有不少美国人认为这种理论很可笑，但日本人却全部照做了。如今日本企业的产品在世界上取得了辉煌成就，他们将其归功于戴明，甚至连颁发的先进企业奖项也命名为“戴明奖”。

风水轮流转，“每天进步一点点”的模式，不仅帮助日本的企业逐渐强大起来，日本汽车还开始挤进美国，且市场占有率越来越高，日本企业甚至放出狂言要买下整个美国。而当年曾牛极一时的福特汽车却一年亏损数十亿美元，面临倒闭的边缘。当福特汽车请戴明博士回来时，他仍然强调要在品质上每天进步一点点，持续不断地进步，一定可以起死回生，重振企业。结果，福特汽车按照此方法贯彻了三年，就开始实现扭亏为盈，后来甚至一年净赚60亿美元。

前洛杉矶湖人队教练派特雷利曾经在湖人队最低潮时对队员说:“今年我们只要每人比去年进步1%就好，有没有问题?”球员一听:“才1%，太轻松了!”于是开始行动，加紧练习，在罚球、抢篮板、助攻、抄截、防守共五方面都各进步了1%，那一年湖人队开始从最低谷一步步跃居冠军。

有人问派特雷利成功之道，他说:“每人在五个方面各进步1%，则为5%，12人就是60%，一年进步60%的球队，你说能不得冠军吗?”

不要总期待能一步登天，不要总期待奇迹出现，每天进步一点点，只要能够坚持就已经足够了。每天能够进步一点点，一年、十年、几十年下来，将会有多大的变化啊!

那么，怎样才能每天进步一点点呢?

我的观点是：不断觉察，不断学习，不断改进……

什么是觉察呢?

有一天我做了一个梦，梦见在北京深山的培训基地，我遇到了实验学校的刘校长，多年没见，他已经白发苍苍。他说："2003年，你给我们学校做培训的那两个实验班，效果特别好……"然后，又说了好多感谢的话，最后他说："你们应该再多做一点。"我问："您指的哪方面多做一点？"

这一刻，我忽然觉察到我自己的说话模式，喜欢问问题，喜欢刨根问底，有时会很有效果，有时也会让人感觉不舒服，而有时也会问得多余。就像刚才的这个问题，根本就不需要问，只需多思考两秒钟，我就知道答案了。

我有一位朋友，他是一名政府官员，特别好学，特别喜欢刨根问底。好多人说，跟他在一起感觉压力好大，生怕哪句话说错了，就会被问得很尴尬。这样的特点，其实也在一定程度上影响了他的仕途。

而我也觉察到，自己原来和那位朋友有些相似。

觉察就是在每一个当下，感知自己所做的事、所说的话会达到什么样的效果，以及存在什么样可以提升的空间。同时，一个人、一个团队的快速成长，正是源于这种不断的觉察。

不断的觉察，能让我们每天进步一点点。当觉察变成了一种习惯，我们对每件事、每句话、每个想法、每个呼吸、每次心跳，甚至每个梦都有觉察，又怎么不会每天进步一点点呢?

穿越情绪的“快乐三问”

在行动的过程中，我们难免会遇到一些不尽如人意之事，以及面临一些干扰，是放弃还是坚持？这里想跟大家分享一个真实的案例：

随着地球环境不断恶化，从2000年开始，北京及华北大部分地区首次出现连续的沙尘暴天气。这一年的4月22日，我们组织了自己公司的100名员工和社会上300名环保志愿者，在公园最荒芜的一片土地上种满了树。当时受到的赞誉不断，各个新闻媒体争相报道，一时间，我们公司仿佛成了公益先锋、环保卫士，所有人都沉浸在成功的喜悦之中。

但好景不长，因为那片土地异常贫瘠，土中有许多瓦砾，再加上后期护理不到位，一年下来，约1/3的树都死了……

捧得越高，摔得越重。2001年3月，又到了植树的季节，就在这时，一家报纸写出了整版的文章，矛头直指我们公司。文章题为《企业种树为哪般》，内容是去年种的树，今年基本上全都死光了，企业所谓的环保、公益，只不过是沽名钓誉的手段罢了，一切都是作秀。

但这只是噩梦的开始，一年前还对我们赞誉有加的各大媒体，此刻全都翻脸不认人。多家报纸、电视台联合报道，而且变本加利、夸大其词，一夜之间，我们俨然成了唯利是图的奸商。

媒体的力量真是巨大，在这强大的舆论攻势下，我们公司在社会上的信誉直线下降，许多顾客开始怀疑和观望，不再选择购买我们的产品，许多供应商、合作伙伴也开始心存疑虑，公司销售额和利润直线下降。

面对危机，公司的部分领导非常生气。有人提出要状告媒体，因为他们报导失实、不客观、夸大其词，使我们蒙受了重大损失；有人抱怨社会黑暗、好人没好报，并提议以后公司再也不要做这些公益活动了……面对这种情况，我引用了《论语》里的一句话：“人不知而不愠，不亦君子乎？”意思是：即使别人不了解（不理解）我也不生气，这难道不是君子吗？

同时，我提出了“快乐三问”：

1. 我们做了什么不该做的或没做什么应该做的，才得到这样的结果呢？

2. 我们从这件事情中学到了什么呢？

3. 接下来我们要怎样做，才能让结果变得更好呢？

问题决定答案。当我问出这几个问题之后，我们开始反思：

1. 我们满怀热情地种了树，却没有认真去后期养护，这是许多树死去的关键原因。

2. 我们从这件事情中学到的是，以后做事要善始善终，绝不能虎头蛇尾。

3. 胳膊拧不过大腿，以我们公司当时的实力和影响力去状告媒体，并且是这么多家媒体，无异于以卵击石。当下我们明智的选择只有痛定思痛、亡羊补牢，让那一大片土地尽快绿起来……

于是，我们开始了行动，动员公司所有员工先把死去的树都补种上，并从那个春天开始每年定期去腾达林浇水、施肥、锄草，一转眼就是十年……

想知道后面的结果吗？公司每一批新员工入职后第一件事，就是到腾达林义务劳动。雷锋生前的亲密战友乔安山老人也和志愿者们一起，来到腾达林补种树苗。如今的腾达林，已是绿树成荫。

我想，公司的所有人都会心甘情愿地将这件事一直做下去。因为在种树的过程中，大家感受到的不仅仅是对社会的责任，还有大家一起用爱点亮了整个世界。我也越来越坚信，每个人都是上天派来的使者，都会支持更多的人成功、幸福和快乐。因为我们是爱的使者、快乐的使者、成功的使者，我们唤醒、点燃了一颗颗爱的火种，我们相信星星之火可以燎原！

没有什么可以阻挡前进的脚步，没有什么可以阻挡我们成功。善于运用“快乐三问”，可以让人快速从不良情绪中走出来，并一步一步迈向成功。

Story 故事驿站

不抛弃，不放弃

每个人在实现自己梦想的过程中，都会遇到困难和障碍。那么，我们应如何应对这些阻碍呢？分享一个我自己的亲身经历：

1997年11月18日，我创立了自己的公司。公司刚成立时很小，仅有的4个人中3个都是兼职，只有我自己是全职的。而我是董事长兼总经理、兼销售、兼服务、兼采购、兼司机……几乎所有的事都要自己干。

虽然每天都没日没夜地干，但一个月下来仍是亏损，毕竟我们没有任何基础。但我们并没有放弃，而是努力通过广告宣传，让更多的人知道我们；通过最人性化的服务，超越顾客期望，带来更多的回头客。随之，公司开始赢利并逐渐扩张。到1998年底，公司经营开始逐步进入正轨。

公司一点点成长，事业一步步做大，梦想一个个实现。然而，在不知不觉中，灾难也悄悄来临。那是1999年2月8日，在公司成立刚刚一年多时，一场重大的车祸使我几乎陷入绝境。

车祸发生在外地，当我赶到的时候，两个副总、一个司机已躺在急救室的病床上。满屋都是血腥味，其中两个人直挺挺地躺着，没有一点声音，浑身都是血，没有血的地方苍白中透着蜡黄，看起来已是生命垂危，只有一个人还发出微弱的呻吟声。而在我看来，三个人是一样的血肉模糊、一样的直挺挺、一样的苍白中透着蜡黄，根本分不清谁是谁。

这样的场景让我惊呆了！这是我的“战友”们吗？这是曾每天和我一起打拼的弟兄们吗？

医生说：“这个能叫的没有太大的生命危险，但可能永远也站不起来了。那两个昏迷的很可能醒不过来了。”一句话如五雷轰顶，我的泪水夺眶而出，忍不住大声吼道：“大夫，我有感觉，他们一定能挺过来的，您一定要全力以赴地治啊！”大夫一边摇头，一边说：“我们会努力的。”

随着时间一天天过去，为了治病，公司的钱基本花光了。几天后，有一个昏迷的副总醒了过来，但开始每天说胡话。另一个昏迷的司机，则在ICU特护病房持续昏迷，每天的特护费用为10000元。司机的母亲哭着说：“完了，我儿子活不了了！”我说：“我相信奇迹一定会发生，他一定会醒过来的！”

车报废了，整车的货物报废了，我们的司机在事故中负全责，被撞了还要给对方赔钱。因为车本来要卖，保险过期也没有续保。真是祸不单行啊！

钱在一天天减少，有朋友劝我：“别管他们了，你倾家荡产了也管不起。”我说：“他们曾经和我同甘共苦，我怎么忍心就这样不管了。我相信天无绝人之路，我就是砸锅卖铁也要把他们都治好！”

有一颗爱心是非常重要的。然而，这个世界也很现实，仅仅有一颗心是远远不够的，还需要能力！公司的钱已经花光了，亲戚朋友的支持也维持不了多久。这时，公司破产的谣言开始传播开来，客户不敢再买我们的产品，供应商也开始逼债，而银行也没有一家愿意雪中送炭。尝试了很多方法都无济于事，眼看就快没钱再给他们治病了。

难道真的要走投无路了?

难道只能眼睁睁看着他们因没钱治疗而死?

难道真的这样看着公司倒闭?

难道我的企业家梦想真的要就此破灭了?

那时，身边的很多人都在劝我：放弃吧！为什么要把自己搞得这么辛苦？去国家机关当个公务员不好吗？去大企业做个白领不好吗？为什么要把自己逼到这个地步?

生活就是这样，当我们一帆风顺走在梦想路上时，它却毫不留情地给出了一道难题，而且还是一道必答题：怎么办？到底怎么办？坚持，还是放弃?

苏珊大妈在《我曾有梦》中唱到：

总有美梦，无法成真

总有风暴，无法掌控

梦想生活，原是尽美尽善

回到现实，却如焦土地狱

差距之大，让我无法想象

我的美梦已被现实扼杀

……

亲爱的朋友，此时此刻，如果是你，会怎么办呢？

1948年，在英国牛津大学举办了一次“成功奥秘”的讲座，邀请的演讲嘉宾是当时最受人们尊敬和爱戴的英国首相丘吉尔。演讲前三个月，各大媒体就纷纷热烈报道，各界人士都翘首以盼这一天的到来。

演讲当天，会场上人山人海、水泄不通，全球各大新闻媒体齐聚于此。人们都如饥似渴地等待着聆听这位曾获诺贝尔文学奖的政治家、外交家、文学家的“成功秘诀”。

丘吉尔走上台，双手抓住讲台，双眼凝视着观众，用手势止住大家雷鸣般的掌声，用并不是很有力，但足以震撼人心的声音说：“我的成功秘诀有三个：第一，是决不放弃；第二，是决不、决不放弃；第三，是决不、决不、决不放弃！我的演讲结束了。”说完，人们都还没反应过来，他已慢慢走下了讲台。会场沉寂了一分多钟之后，突然爆发起热烈的掌声，经久不息。

这个故事，一直在激励着我。

决不放弃！是的，我决不能放弃！

从我决心成为一名企业家的那一刻起，我的梦想就已不再是自己一个人的梦想了。它承担着我们企业所有员工的梦想，更承载了未来那些会因为我们的资助而有机会上学的孩子们的梦想。

这个时候，我不再是一个人！我是责任者，我要对他们的生命和健康负责，我要对公司的三十多名员工负责。于是，我召开了全体员工大会，表明了我不抛弃不放弃的决心，动员大家共同想办法渡过难关，并让员工们轮流值守，为三位伤员陪床。

记得那年的大年三十，也就是车祸后的第九天，我给老高陪床。他泣不成声地说："杨总，我连累你了！我这一辈子是起不来了，却还要让你连个年都过不好，没法陪着家人，大年三十还为我陪床……"我也含着泪说："高老师，您受苦了！相对于您的痛苦，我这点儿小事算不了什么。我相信好人好报，有朝一日您一定会站起来的！"然后，我当场拨通了在医院当主任的大姐夫的电话，从他那里听到了很多人奇迹般站起来的案例，并一个一个告诉了老高。那个夜晚，我们在泪水和感动中度过。

那个春节，我所有的拜年也都变成了公关。老天不负有心人，一位银行的行长被我们的精神所感动，听完我的现状、对公司未来的设想和当下我们需要的帮助后，当场决定拿出5万元来支持我们。后来，还为我们提供了贷款，解决了公司资金周转的难题。

14天后，司机也奇迹般地醒了过来。醒来后，立即痛得直打滚，才发现肠子也有破损。经过医院的治疗和公司全体员工的精心陪护，奇迹一次次发生。两年后，三个人都奇迹般站了起来，包括那个腿骨、肋骨、踝骨、胯骨都粉碎性骨折和神经线受损伤的人，也能正常上班了。

生与死的考验，不仅没有让公司倒下，反而使大家更有凝聚力，公司也取得了快速发展。到2001年，公司业绩大幅提升，员工数量也由三十多人增至上百人。

每个人在实现自己梦想的过程中，都会碰到各种各样的困难甚至灾难。是什么让你梦想成真？又是什么让你倒下？在遇到困难和挑战后，你是否还会坚持梦想？

Heart 心灵火花

当我们规划好人生，找到人生中最重要的八件事并分解下去，在行动的过程中就会发现，每天都会有很多琐事缠身，让我们时常感到没有时间和精力去做最重要的事。结果，每天忙得焦头烂额，却无法得到想要的结果。怎样解决这一问题呢？学会抓大放小，是人生的大智慧。

有梦想，有规划，很多人却迟迟不敢付诸行动。这个时候，“不完美的行动胜过完美的等待”的理念，会帮你走出苛求完美的误区而勇敢行动起来。

当我们规划出自己一生要做的八件事后，会充满激情地开始行动。这一过程中，能真正成就自己并让激情持续不衰的，还有一个不可忽视的力量——承诺的力量。另外，一定要锻炼自己说到做到的能力。

我们无法一下子成为自己想成为的那个人，但可以建立每天进步一点点的思考模式。这样的模式，会支持我们从普通走向卓越。

在行动的过程中，我们难免会遇到一些不尽如人意之事，也会面临一些困扰，但一定要不抛弃不放弃！没有什么可以阻挡我们成功，学会运用“快乐三问”，可以让人快速从不良情绪中走出来，一步一步迈向成功。

最后，分享给大家几句话：

在这个世界上没有奇迹，所谓奇迹就是量的积累。

人们习惯于惊讶结果，而忽略产生结果的过程。

急是没有用的，关键在于做正确的事并持续去做。

不断追求完美的工作表现，胸怀远大目标，脚踏实地做事。

今日的果源于昨日的因，今天的所作所为决定了我们明天的命运！